できる®

侘美秀俊 著

ゼロからはじめる
楽典 超入門

いちばんやさしい音楽理論の本

Rittor Music

本書の読み方

本書では、大きな図や譜面をふんだんに使い、大きな文字ですべての手順をていねいに解説しています。はじめて楽典を学ぶ人でも、迷わず安心して読み進められます。

レッスン

見開き2～4ページを基本に、やりたいことを簡潔に解説します。「やりたいこと」や「知りたいこと」をタイトルからすぐに見つけられます。

キーワード

音楽用語などのキーワードからレッスン内容がわかります。

概 要

レッスンの目的を理解できるように要点を解説します。

左ページのつめでは、章タイトルでページを探せます。

ポイント

レッスンの概要、楽譜やリズムの要点を図解でていねいに解説します。概要や内容をより深く理解できるようになります。

レッスン 2

ト音記号を読むコツを知ろう

キーワード ◀╸ ト音記号、G Clef、高音部記号

第1章 音の高さを知ろう

五線は音の高さを表すための座標のようなものです。しかし、どこかに基準がないことには、絶対的な音の高さを示すことができません。ここでは、五線に対して音の高さの基準を示す記号を覚えましょう。

「ト音記号」は「ト（ソ）」の基準を示す記号です

「ドレミファソラシ」の音名は、日本の音名だと、「ハニホヘトイロ」。ト音記号の「ト」は、つまり「ソ」のことです。英語の音名ですと「CDEFGAB」の「G」ですから、ト音記号を「G Clef（ジー・クレフ）」といいます。

「ト音記号」はアルファベットの「G」が変形した記号で、五線の第2線が「G（ソ）」であることを意味してます。別名を「高音部記号（Treble Clef）」

といいます。「ト音記号」では、下第1線の加線上の「土星」のような輪（環）のついた音が「ド」です。「ド星」と覚えるといいでしょう。

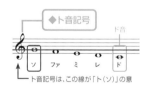

◆ト音記号

ト音記号は、この線が「ト（ソ）」の意

● 「線」にある音、「味噌、仕入れは？」を覚えます

五線譜に慣れていない人が素早く音の高さを読むコツは、線上の音名を覚えることです。下から「ミソシレファ」ですから、語呂で「味噌、仕入れは？」と覚えましょう。「間」にある音は、隣の線上の音名から導くと楽です。

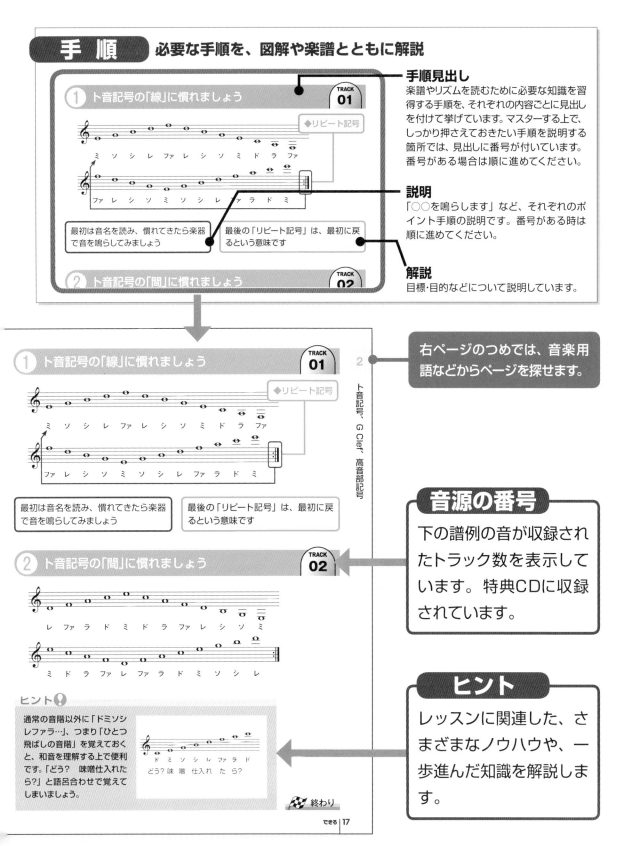

手順　必要な手順を、図解や楽譜とともに解説

① ト音記号の「線」に慣れましょう　TRACK 01

◆リピート記号

ミ ソ シ レ ファ レ シ ソ ミ ド ラ ファ

ファ レ シ ソ ミ ソ シ レ ファ ラ ド ミ

最初は音名を読み、慣れてきたら楽器で音を鳴らしてみましょう

最後の「リピート記号」は、最初に戻るという意味です

② ト音記号の「間」に慣れましょう　TRACK 02

手順見出し
楽譜やリズムを読むために必要な知識を習得する手順を、それぞれの内容ごとに見出しを付けて挙げています。マスターする上で、しっかり押さえておきたい手順を説明する箇所では、見出しに番号が付いています。番号がある場合は順に進めてください。

説明
「○○を鳴らします」など、それぞれのポイント手順の説明です。番号がある時は順に進めてください。

解説
目標・目的などについて説明しています。

---

① ト音記号の「線」に慣れましょう　TRACK 01

◆リピート記号

ミ ソ シ レ ファ レ シ ソ ミ ド ラ ファ

ファ レ シ ソ ミ ソ シ レ ファ ラ ド ミ

最初は音名を読み、慣れてきたら楽器で音を鳴らしてみましょう

最後の「リピート記号」は、最初に戻るという意味です

② ト音記号の「間」に慣れましょう　TRACK 02

レ ファ ラ ド ミ ド ラ ファ レ シ ソ ミ

ミ ド ラ ファ レ ファ ラ ド ミ ソ シ レ

ヒント

通常の音階以外に「ドミソシレファラ…」、つまり「ひとつ飛ばしの音階」を覚えておくと、和音を理解する上で便利です。「どう？　味噌仕入れたら?」と語呂合わせで覚えてしまいましょう。

ド ミ ソ シ レ ファ ラ ド
どう？ 味 噌 仕入れ た ら？

🏁 終わり

できる | 17

2
ト音記号、G Clef、高音部記号

> 右ページのつめでは、音楽用語などからページを探せます。

音源の番号
下の譜例の音が収録されたトラック数を表示しています。特典CDに収録されています。

ヒント
レッスンに関連した、さまざまなノウハウや、一歩進んだ知識を解説します。

目 次

第1章 音の高さを知ろう　　　　　　　　13

第3章 音階と調（キー）を知ろう　79

第4章 コードの基本を知ろう　　125

第5章　コードのバリエーションを知ろう　　165

付録 182

まえがき

　野球やサッカーを楽しむには、ゲームのルールを知っている必要があります。もちろん、音楽を奏でたり、聴いたり、より楽しむためにも、音楽の最低限のルールを知っておくとよいでしょう。

　言わば「音楽のルール、文法」のようなものが「楽典」です。本書は『できる ゼロからはじめる楽譜&リズムの読み方 超入門』の続編、姉妹書として、「楽典」の分野から、音名（ピッチ）、音程（インターバル）、音階（スケール）、調（キー）、和音（コード）の主要なポイントを取り上げ、理解すべき点を順を追って解説したものになります。

　初学者用の楽典ではめずらしく、「どうしてそうなるの?」といったような根拠や仕組みを紐解くようにまとめています。ですから、すでに知っている事実や事柄でも、また別の側面から捉え直すことができるでしょう。そして、個々の内容の関連性を考慮して、より一層理解が深まり、知識が繋がるように工夫して、説明の順序や章立てをしました。

　知識の整理、復習という意味でも最大限に活用いただけることを願っています。

タクミヒデトシ
侘美秀俊

第1章

音の高さを知ろう

では、いきなりですが譜面の読み方を学んでいきましょう。世界にはいろいろな譜面がありますが、現代の音楽は五線譜と呼ばれるものがもっとも使用されます。譜面アレルギーの人でもわかるように、じっくり進めていきますので安心してください。

この章の内容

五線の基礎知識を知ろう

この本では、音楽の要素のうち「音の高低」にフォーカスしてお話していくことになります（リズムについては『できる　ゼロからはじめる楽譜＆リズムの読み方超入門』をご覧ください）。

ですから、まずは「音の高さ」の表記について学んでいきましょう。まずはじめは、音の高低の目盛、物差しとなる「五線」について知っておきましょう。

音には高低があります

あらゆる音には、高い音と低い音があります。音は振動ですから、1秒間にたくさんの振動が繰り返されると

「高い音」となり、少ないと「低い音」となります。この 1秒間の振動数を表す単位を「Hz(ヘルツ)」といいます。

高い

⬆

○　ジェット機の飛ぶ音　7,000〜13,000Hz

○　日常の会話　250〜4,000Hz

○　犬の鳴き声　80〜180Hz

⬇

低い

ヒント❗

音楽で用いられる音の高さの基準としては、1939年に国際会議で定められたA（ラ）＝440Hzがあります。現在で

は442 〜 448Hzあたりが、国や用途によって用いられています。この、A＝ラという概念は、レッスン4で学びます。

「五線」の音の高さと各線の名称です

音の高さは、Hz（ヘルツ）でも表すことができますが、楽器の演奏としては「五線」が用いられることが一般的です。その「五線」の仕組みを説明しましょう。

● 一番下が「第1線」、一番上が「第5線」です

手足の指が5本あるように、人間が一度に把握できる数とも言えるでしょう。手のひらを手前にすると小指が「第1線（一番下の線）」で、親指に当たるのが「第5線（一番上の線）」。下にある第1線よりも、上の第5線が高い音になります。

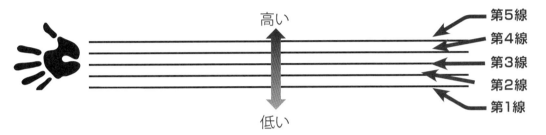

● 「線（せん）」のほかに、「間（かん）」もあります

線と線の「間」でも音の高さを表現します。「間」は4つになります。それぞれに単純に音符を配置したとき、第1線（一番下の線）にぶらさがる音、第5線（一番上の線）に乗る音を含めると、五線だけで11個の音が表現できます。

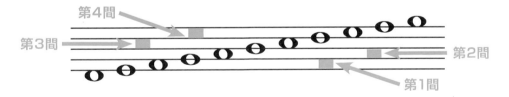

● 「五線」を拡張するには「加線」を使います

実際の音楽では、五線を超えた音域（音の高さの範囲）も使われます。その時、五線の上下に、必要な分だけ線を付け足して五線を拡張します。これを「加線（かせん）」と言います。

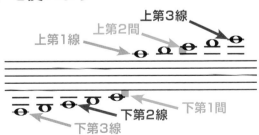

 終わり

ト音記号を読むコツを知ろう

キーワード ○─π　ト音記号、G Clef、高音部記号

　五線は音の高さを表すための座標のようなものです。しかし、どこかに基準がないことには、絶対的な音の高さを示すことができません。ここでは、五線に対して音の高さの基準を示す記号を覚えましょう。

「ト音記号」は「ト（ソ）」の基準を示す記号です

　「ドレミファソラシ」の音名は、日本の音名だと、「ハニホヘトイロ」。ト音記号の「ト」は、つまり「ソ」のことです。英語の音名ですと「CDEFGAB」の「G」ですから、ト音記号を「G Clef（ジークレフ）」といいます。

　「ト音記号」はアルファベットの「G」が変形した記号で、五線の第2線が「G（ソ）」であることを意味してます。別名を「高音部記号（Treble Clef）」

といいます。「ト音記号」では、下第1線の加線上の「土星」のような輪（環）のついた音が「ド」です。「ド星」と覚えるといいでしょう。

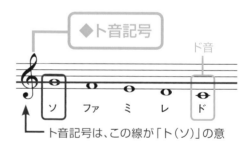

◆ト音記号

ド音

ソ　ファ　ミ　レ　ド

ト音記号は、この線が「ト（ソ）」の意

● 「線」にある音、「味噌、仕入れは？」を覚えます

　五線譜に慣れていない人が素早く音の高さを読むコツは、線上の音名を覚えることです。下から「ミソシレファ」ですから、語呂で「味噌、仕入れは？」と覚えましょう。「間」にある音は、隣の線上の音名から導くと楽です。

ミ　　ソ　　シ　　レ　　　ファ
味　　噌　　仕入　れ　　　は？

レ ミ ファ ソ ラ シ ド レ ミ ファ ソ

① ト音記号の「線」に慣れましょう

TRACK **01**

◆リピート記号

ミ ソ シ レ ファ レ シ ソ ミ ド ラ ファ

ファ レ シ ソ ミ ソ シ レ ファ ラ ド ミ

最初は音名を読み、慣れてきたら楽器で音を鳴らしてみましょう

最後の「リピート記号」は、最初に戻るという意味です

② ト音記号の「間」に慣れましょう

TRACK **02**

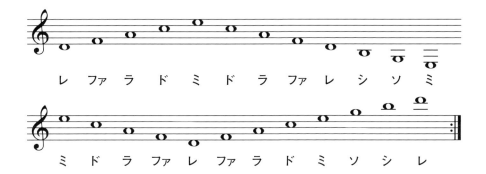

レ ファ ラ ド ミ ド ラ ファ レ シ ソ ミ

ミ ド ラ ファ レ ファ ラ ド ミ ソ シ レ

ヒント

通常の音階以外に「ドミソシレファラ…」、つまり「ひとつ飛ばしの音階」を覚えておくと、和音を理解する上で便利です。「どう？ 味噌仕入れたら?」と語呂合わせで覚えてしまいましょう。

ド ミ ソ シ レ ファ ラ ド

どう？味 噌 仕入れ た ら?

 終わり

ヘ音記号を読むコツを知ろう

ト音記号は、もっぱら高い音域の音を表すために使われるものです。対して、低い音域の低音部の基準を示す記号をここで覚えましょう。

「ヘ音記号」は「ヘ（ファ）」の基準を示す記号です

「ドレミファソラシ」の音名は、日本の音名だと「ハニホヘトイロ」。ヘ音記号の「ヘ」は、つまり「ファ」のことです。「ファ」英語の音名は、「CDEFGAB」の「F」ですから、ヘ音記号を「F Clef（エフクレフ）」といいます。

「ヘ音記号」はアルファベットの「F」が変形した記号で、五線の第4線が「F（ファ）」であることを意味してます。別名を「低音部記号（Bass Clef）」といいます。「ヘ音記号」では、上第1線の加線上の「土星」のような輪（環）のついた音が「ド」です。これも「ド星」と覚えるといいでしょう。

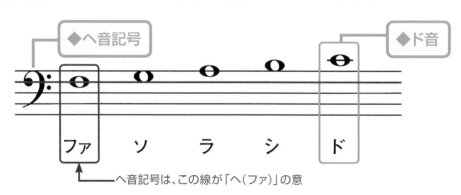

へ音記号は、この線が「ヘ（ファ）」の意

● ヘ音記号の読み方のコツ

「ヘ音記号」の高さを読むコツについて触れておきます。すっかり慣れるまでは、「ト音記号」と比較して、線が1本下にズレたととらえるとわかりやすいです。

ヘ音記号は、線が1本下に記されている

① ヘ音記号の「線」に慣れましょう

ソ　シ　レ　ファ　ラ　ファ　レ　シ　ソ　ミ　ド　ラ

ラ　ファ　レ　シ　ソ　シ　レ　ファ　ラ　ド　ミ　ソ

> 最初は音名を読み、慣れてきたら楽器で音を鳴らしてみましょう

> 「線」の音名をストレスなく読めるまで、繰り返して慣れます

② ヘ音記号の「間」に慣れましょう

ファ　ラ　ド　ミ　ソ　ミ　ド　ラ　ファ　レ　シ　ソ

ソ　ミ　ド　ラ　ファ　ラ　ド　ミ　ソ　シ　レ　ファ

> こちらも最初は音名を読み、慣れてきたら楽器で音を鳴らしてみましょう

> 「間」の音名をストレスなく読めるまで、繰り返して慣れます

🏁 終わり

音の呼び方、音名のおさらいをしよう

キーワード ○━π 音名、幹音

レッスン2とレッスン3で登場した「ドレミファソラシ」。お馴染みの、それぞれ音の高さを表す「音名」ですが、他の呼び方もあります。それらを、ここで今一度、五線との関係をおさらいしておきましょう。

ト音記号の音の高さと、さまざまな音名の紹介です

五線上の「ドレミファソラシ」は、ピアノの白い鍵盤にあたる音でもあります。これを「幹音（かんおん）」といいます。ちなみに「ドレミ…」はイタリア語の音名です。

その他、英語の音名もあり、英語表記はコードネームの呼び名としてよく使われます。また日本語は調性（キー）の表現に使われるなど、シチュエーションによって使い分けられます。ですから、これらの音名を下の表で覚えておくとよいでしょう。

イタリア語	ド	レ	ミ	ファ	ソ	ラ	シ
日本語	ハ	ニ	ホ	ヘ	ト	イ	ロ
英語	C	D	E	F	G	A	B
ドイツ語	C	D	E	F	G	A	H
	ツェー	デー	エー	エフ	ゲー	アー	ハー

ヒント

音の高さの順序としては「ドレミファソラシ」が、また次の「ドレミファソラシ」につながり、これが順番に繰り返されます。この最初の「ド」と次の「ド」の関係を「オクターブ」といいます。

◆1オクターブ

ド　レ　ミ　ファ　ソ　ラ　シ　ド　レ　ミ　ファ　ソ　ラ　シ　ド

ヘ音記号の音の高さと音名

イタリア語	ド	レ	ミ	ファ	ソ	ラ	シ
日本語	ハ	ニ	ホ	ヘ	ト	イ	ロ
英語	C	D	E	F	G	A	B
ドイツ語	C	D	E	F	G	A	H
	ツェー	デー	エー	エフ	ゲー	アー	ハー

ヒント

各言語別の音名の使い分けシチュエーションを記しておきます。
●イタリア語→学校教育、あらゆる音楽で使用
●英語→ポピュラーミュージック、ジャズ、DTMなど
●ドイツ語→クラシック、オーケストラや吹奏楽
●日本語→クラシックの曲名として
　（「交響曲第5番 ハ短調」など）

 終わり

第1章　音の高さを知ろう

　単独で用いられる音部記号としては、ト音記号とヘ音記号が比較的多く使われます。しかし、楽器や用途によっては、この2つ両方が組み合わせで使われることもあります。ここでは、その譜面について見ていきましょう。

「ト音記号」と「ヘ音記号」の組み合わせを「大譜表」といいます

　ピアノやハープなど両手で演奏したり、楽器の音域が広い時や、コードや和声学、曲や和音の説明をする時などでは、1つの五線譜では見づらい譜面になってしまうことがあります。そんな時、2つの五線を波カッコ（{ ）で括り、2段組で1セットとしてまとめて、ト音記号とヘ音記号、両方どちらも同時に使うわけです。これを大譜表（Grand Staff）といいます。

●大譜表の音の高さの関係

　「ト音記号」の下第1線の「ド星」と「ヘ音記号」の上第1線の加線上の「ド星」が、同じ高さになる点がポイントです。

◆大譜表

●オクターブ関係をすばやく把握するコツ

　オクターブの位置関係を簡単に理解する方法を説明しましょう（右の譜面はこの説明のために、あえて2段の間隔を狭め、「ド星」を重ねて表示しています）。

　すべて「ド」のオクターブ違いを表していますが、中央の「ド星」を折り目にすると、上下対称になっていることに気づくでしょう。

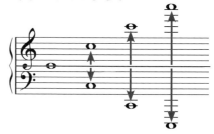

① 大譜表に慣れるための練習です

TRACK **05**

へ音とト音が交互に行き来します

最初は音名を読み、慣れてきたら楽器で音を鳴らしてみましょう

ト音記号とへ音記号の音名をストレスなく読めるまで繰り返して慣れます

② さらに大譜表に慣れるための練習です

TRACK **06**

ヒント❗

　カッコで括られた2段組でも、亀甲カッコ（〔 ）のものは、単に2つのパートをまとめたものであって「大譜表」ではありません。

これらは大譜表ではない

―― 括弧の違いに注目！

🏁 終わり

鍵盤1個分、半音の変化記号を覚えよう

キーワード🔊━━ ♯（シャープ）、♭（フラット）、変化記号

　ここまで扱ってきた音の高さや音名は、ピアノの白い鍵盤＝幹音に絞っていました。しかし、鍵盤には黒い鍵盤もあります。ここでは、その黒い鍵盤に相当する音の高さを読むための仕組みや記号を覚えていきましょう。

「♯（シャープ）」は半音上、「♭（フラット）」は半音下に変化させます

　音符の玉のすぐ左側に♯の記号をつけると半音高い音、♭の記号をつけると半音低い音を表します。

● ♯（シャープ）をつけた例

● ♭（フラット）をつけた例

● 変化した音と鍵盤の位置

　鍵盤では「♯」がつくと右隣の黒い鍵盤、「♭」だと左隣の黒い鍵盤をイメージすると思います。しかし、隣に黒い鍵盤がないところもあるので、必ずしも黒い鍵の音になるとは限りません。

　具体的にいうと、

● 「ミ」の♯は「ファ」、「シ」の♯は「ド」

● 「ファ」の♭は「ミ」、「ド」の♭は「シ」

です。

　いずれにしても、この元の音と変化した音の関係を「半音（はんおん）」といいます。

ピアノの鍵盤で♯と♭を確認

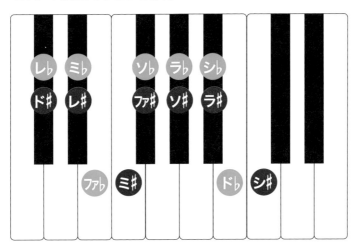

次のページに続く ▶▶▶

「♯」や「♭」がついた音名の呼び方です

　ピアノの白い鍵盤にあたる音名を「幹音」といいましたが、これに対して「♯」や「♭」で変化した音を「派生音（はせいおん）」といいます。

- 「♯」のついた音名の呼び方：国内に限っては、イタリア語、英語ともに「ドのシャープ」、あるいは「Cシャープ（シーシャープ）」のように「音名＋シャープ」となります。
- 「♭」のついた音名の呼び方：「レのフラット」、あるいは「Dフラット（ディーフラット）」のように「音名＋フラット」で呼ばれます。
- 日本語の音名の呼び方：「♯」は「嬰ハ（＝Cシャープ）」など、「嬰（えい）＋音名」、「♭」は「変ロ（＝Bフラット）」など、「変（へん）＋音名」が使われます。
- ドイツ語音名の呼び方：語尾が変化して「♯」は「is」、「♭」は「es」がつき、さらに読み方が変化します。「♭」は変則的なところがありますので注意が必要です。

ヒント

　英語音名の「B（ビー）」は「シ」ですが、ドイツ音名の「B（ベー）」は「シ♭」になるところに注意です！

① ト音記号上で弾いてみよう

TRACK 07

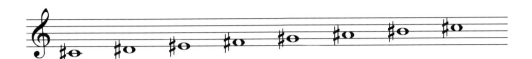

前半は「＃」、後半は「♭」が登場します

楽器を使い、「楽譜の高さ」と「楽器の音」が一致するまで繰り返してください

② ヘ音記号上で弾いてみよう

TRACK 08

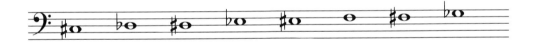

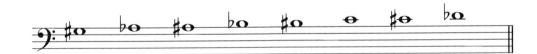

「＃」と「♭」が交互に登場しますが、イレギュラーな箇所もあります

こちらも楽器を使って「楽譜の高さ」と「楽器の音」が一致するまで繰り返しましょう

ヒント

　ヘ音記号の練習譜例は、同じ高さの音が２つずつ連続することに気がついたでしょうか？　このような関係性について、詳しくはレッスン８で解説します。

 終わり

鍵盤2個分、全音の変化記号を覚えよう

第1章 音の高さを知ろう

　派生音の♯や♭は、幹音を半音で変化させる記号でした。さらに半音2つ分変化させる変化記号がありますので、ここで仕組みを覚えていきましょう。

「✕（ダブルシャープ）」は半音2つ上、「♭♭（ダブルフラット）」は半音2つ下に変化させます

　音符の玉のすぐ左側に ✕（ダブルシャープ）の記号をつけると半音2つ高い音、♭♭（ダブルフラット）の記号をつけると半音2つ低い音となります。

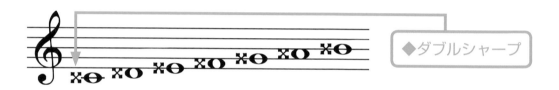

◆ダブルシャープ

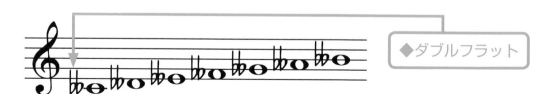

◆ダブルフラット

●変化した音と鍵盤の位置

　「✕」や「♭♭」は半音2つ分上下に変更されるので、白い鍵盤と一致することが多くなります。いずれにしても、この元の音と変化した音の関係を「全音（ぜんおん）」といいます。

ピアノの鍵盤で✕と♭♭を確認

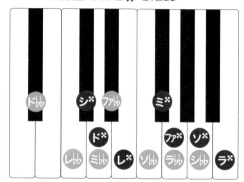

● 「×」のついた音名の呼び方：国内に限っては、イタリア語、英語ともに「ドの
ダブルシャープ」あるいは「Cダブルシャープ（シーダブルシャープ）」のように、
「音名＋ダブルシャープ」となります。

● 「♭♭」のついた音名の呼び方：「レのダブルフラット」あるいは「Dダブルフラット（ディーダブルフラット）」のように、「音名＋ダブルフラット」で呼ばれます。

●日本語の音名の呼び方：シャープは「重嬰ハ（＝Cダブルシャープ）」や、「重変ロ（＝Bダブルフラット）」など、「重嬰（じゅうえい）＋音名」「重変（じゅうへん）＋音名」が使われます。

●ドイツ語音名の呼び方：語尾が変化して「×」は「isis」、「♭♭」は「eses」がつくことで読み方が変化します。特別に、B♭♭に関しては、「Bes（ベス）」以外にも「Heses（ヘセス）」や、「BB（ドッペルベー）」という読み方もあります。

×（ダブルシャープ）をつけた例

Cisis Disis Eisis Fisis Gisis Aisis Hisis
チシス　ディシス　エイシス　フィシス　ギシス　アイシス　ヒシス

♭♭（ダブルフラット）をつけた例

Ceses Deses Eses Feses Geses Ases　Bes
ツェセス　デセス　エセス　フェセス　ゲセス　アセス　ベス

次のページに続く ▶▶▶

ヒント❗

　✖（ダブルシャープ）や **♭♭**（ダブルフラット）は、白い鍵盤と一致することが多くなります。しかし、わざわざ「ダブルシャープ」や「ダブルフラット」で表現する一番の理由は、調（キー）を変更しても、前後で繋がる音どうし上がり下がりのライン（旋律線）を崩さないためです。詳しくはレッスン8で解説します。

① ト音記号上で弾いてみよう

TRACK
09

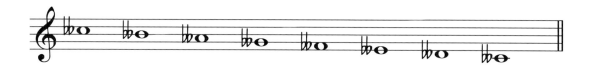

前半に「**✖**」、後半に「**♭♭**」が登場する練習譜例です

「楽譜の高さ」と「楽器の音」が一致するまで、楽器を使い、繰り返し弾きましょう

第1章　音の高さを知ろう

② ヘ音記号上で弾いてみよう

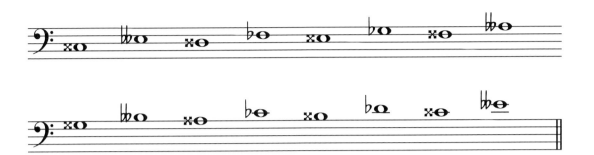

╳（ダブルシャープ）、♭♭（ダブルフラット）、変化記号

> ♯以外のこれまで登場した変化記号をすべて取り入れた練習です

> こちらも楽器を使い、「楽譜の高さ」と「楽器の音」が一致するまで繰り返します

ヒント

　上記のヘ音記号の練習譜例も、同じ高さの音が2つずつ連続します。こちらも詳しくはレッスン8で解説します。

🏁 終わり

音名が違うけど、同じになる音を知っておこう

キーワード🔊 異名同音、エンハーモニック、♮（ナチュラル）、本位記号

　五線に書かれた音と音名が、それぞれ違っているにもかかわらず、ピアノや楽器で演奏したときに、実際には同じ音を示していることがあります。

　ここでは、その仕組みを知っておきましょう。

音名は違っても同じ音の関係が「異名同音＝エンハーモニック」です

「異名同音（いめいどうおん）＝エンハーモニック」の例

●音名の表現は35タイプありますが、高さは12個です

　幹音はドからシまで7つあります。それぞれに変化記号、♯（シャープ）、♭（フラット）、𝄪（ダブルシャープ）、𝄫（ダブルフラット）を割り当てると、トータルで7×5＝35の音名があります。

　しかし、鍵盤を見ると、1オクターブには12つの高さがあるだけです。つまり、いくつか音名はダブるわけです。

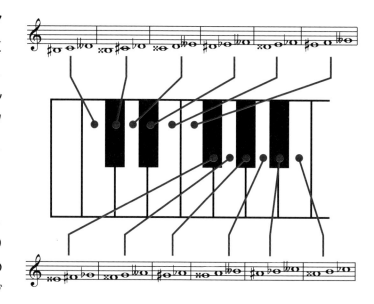

𝄪や𝄫を使わないで譜面を書くと、調（キー）を変更した場合、前後で繋がる音どうし上がり下がりのライン（旋律線）の形が変わったり、音の積み重ねの形が崩れてしまう場合があります。それを防ぐために、𝄪や𝄫をつかうのです。なお、このキー（調）については、第3章で詳しく説明します。

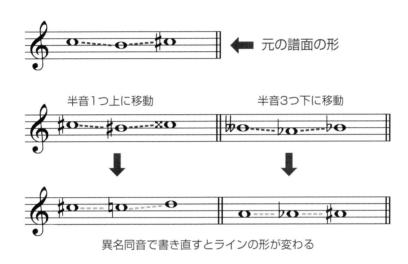

← 元の譜面の形

半音1つ上に移動　　　半音3つ下に移動

異名同音で書き直すとラインの形が変わる

異名同音で書き直すと、整った積み重ねが崩れる

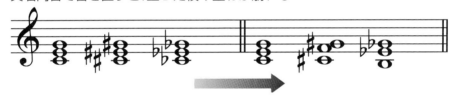

元の音に戻す記号は、♮（ナチュラル）を使います

変化された音を、元の幹音にリセットする記号として、「♮（ナチュラル）＝本位記号」が使われます。

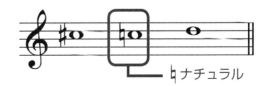

♮ナチュラル

異名同音、エンハーモニック、♮（ナチュラル）、本位記号

次のページに続く▶▶▶

① ト音記号上で弾いてみよう

TRACK 11

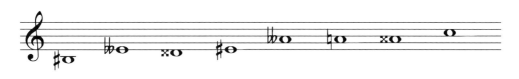

ゆっくり確かめながらでよいので、鍵盤やギターなどの楽器で鳴らしてみましょう

「楽譜の高さ」と「楽器の音」が一致するまで、繰り返して慣れます

② ヘ音記号上で弾いてみよう

TRACK 12

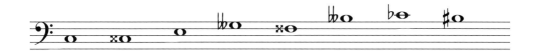

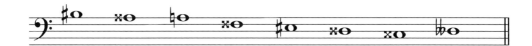

ヘ音記号の練習もゆっくり確かめながらでよいので、鍵盤やギターなどの楽器で鳴らしてみましょう

こちらも「楽譜の高さ」と「楽器の音」が一致するまで、繰り返して慣れましょう

ヒント

どちらの練習譜例も実際には「ドレミファソラシド／ドシラソファミレド」という、規則正しい音の順番になっていることに着目です！

第2章

音の間隔、音程を知ろう

メロディの起伏は、音と音の高さの間隔で作られます。同様に、第4章で説明するコード（和音）も音と音の高さの間隔で成り立っています。このように、音楽には音の高さの間隔が重要な要素となります。その音の間隔を「音程」といいます。ここでは、「音程」の種類を確認していきましょう。

この章の内容

音色の元、倍音のしくみを確認しておこう

キーワード 🔑 倍音、Overtone、Harmonics、基音、周波数

音楽の仕組みを考えるときに、理解しておくと便利な「倍音」というものを説明しておきます。知っておくと、音程や第4章で後述するコード（和音）などを考えるときに、原点に戻って理解しやすくなる「指標」のようなものです。

自然界のあらゆる音には「倍音」が含まれています

例えば、普段音楽で使っている音の高さを表す音名ですが、それは周波数としても表すことができます。チューニング（調律）などの基準で用いられるA（ラ）＝440Hzであることは、レッスン1でも説明しました。

例えば、この440Hzを基準（基音といいます）とすると、それぞれの倍音は次のようになります。

● 880Hzを2倍の倍音
● 1320Hzを3倍の倍音
● 1760Hzを4倍の倍音

以下同じく○倍の倍音となります。

ピアノの音でA（ラ）＝440Hzを弾くと、このような倍音が含まれていることがわかります。

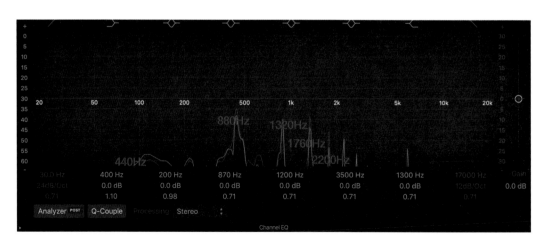

第2章 音の間隔、音程を知ろう

楽器や人の声、あるいは、自然界のあらゆる音には、この倍音が必ず含まれています。そして、その音に、どのくらいの比率で倍音が混ざっているかが、音色やサウンドのキャラクターを決める1つの要素になっています。つまり、人間の耳は基準となる一番低い音（＝「基音」といいます）を「音の高さ」として感じて、それに含まれる倍音を「音色」として感じています。

一般的には
●倍音が多い音＝明るいはっきりとした音色
●倍音が少ない音＝柔らかな丸い音
●複雑な倍音がたくさん含まれる音＝音程のはっきりしない音色（打楽器のような）
といったニュアンスになります。

同じ楽器でも演奏する人が違うと、微妙に音色感が違ったり、同じ高さの音を歌っても、私の声とあなたの声が違って聴こえるのは、倍音成分が違っているというのも大きな要因です。

倍音、Overtone、Harmonics、基音、周波数

次のページに続く ▶▶▶

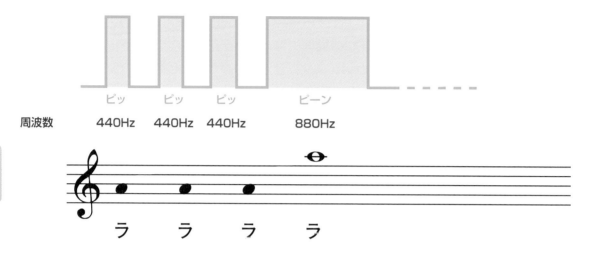

| 周波数 | 440Hz | 440Hz | 440Hz | 880Hz |

ラ ラ ラ ラ

楽器で同じ高さの音を
演奏してみましょう

基音と２倍音の関係は、音楽の仕組みでいう「１オ
クターブ」で、周波数の比率は１:２になります

ヒント

ラジオの時報音では、最初の３つは
440Hz、最後の高い音は、その２倍
の倍音の880Hzになっています。

② 2倍、3倍、4倍の倍音の関係を知ろう

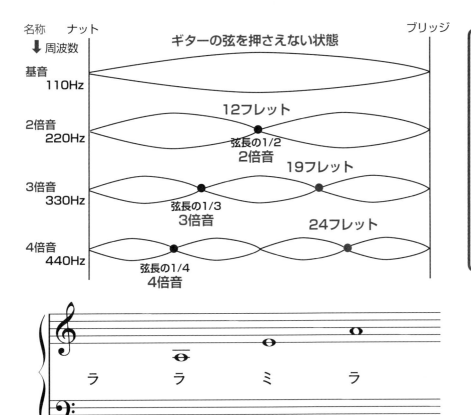

名称　ナット　　　　　　　　ギターの弦を押さえない状態　　　　　　　　　ブリッジ

↓周波数

基音 110Hz

2倍音 220Hz　　　12フレット　弦長の1/2　2倍音

3倍音 330Hz　　　19フレット　弦長の1/3　3倍音

4倍音 440Hz　　　24フレット　弦長の1/4　4倍音

ギターの第5弦をどこも押さえないで鳴らすと「ラ」になり、弦の長さのちょうど中央（12フレット）を押さえて鳴らした音が2倍の倍音にあたります

ラ　ラ　ミ　ラ

同じく弦の長さの1/3にあたるところ（19フレット）が3倍の倍音、1/4にあたるところ（24フレット）が4倍の倍音になります

それぞれの倍音をピアノの音と比較して音名と高さを確認してみましょう

2倍音は「1オクターブ上のA」、3倍音は「1オクターブ上のE」、4倍音は「2オクターブ上のA」となります

ヒント

基音の周波数の2倍、4倍、8倍、16倍は、1オクターブずつ高い倍音に相当します。音楽でいう「1オクターブ」という関係は、倍音の仕組みからも交じりあいやすく、親和性が高いということが説明できます。

 終わり

音色の元になる倍音についてまとめておこう

特殊な電子音以外、すべての音には倍音が含まれています。そして、それらの倍音は、周波数の比率が倍の関係にあるのです。2倍、3倍、4倍の倍音はレッスン9で確認しましたが、それ以外の倍音についてもまとめておきます。

倍音を順番にならべたものを「倍音列」といいます

ここでは基準音をC（ド）として、そこに含まれる倍音を記しました。便宜上16倍まで、五線の音名としています。

※赤の矢印で示した音は、平均律と比較してズレているのですが、近似の音名として表記しています。

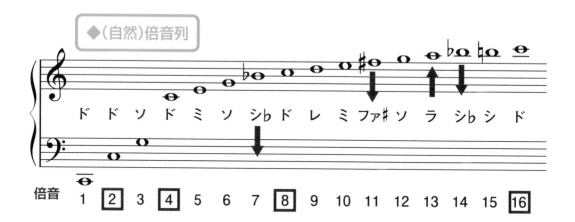

◆（自然）倍音列

音名	ド	ド	ソ	ド	ミ	ソ	シ♭	ド	レ	ミ	ファ♯	ソ	ラ	シ♭	シ	ド
倍音	1	2	3	4	5	6	7	8	9	10	11	12	13	14	15	16

これを「（自然）倍音列」といいます（実際には、16倍以上の倍音も存在していますが…）。基準の1にあたる音を「基音」といいましたが、2倍の倍音を「第2倍音」、3倍の倍音を「第3倍音」、以下「第〇倍音」と表現します。

オクターブの関係にある第2、4、8、16の倍音は、ピアノなどの楽器の音程とズレることはありません。しかし、それ以外の倍音は、ピアノなどの楽器で相当する音の高さを鳴らすと、微妙に音が合わないのです。その理由は、ピアノなどの一般的な楽器は「平均律（後述）」で調律されているからです。

●「純正律」と「平均律」の違い

自然の倍音は周波数の比率がシンプルで、これを元にした調律を「純正律」といいます。これに対して、1オクターブに含まれる12の半音がすべてが同じ間隔になるように、均等に分けたものを「平均律」といいます。

なお現在の音楽は、楽器の都合に合わせて、一般的に「平均律」で構成されています。

●「純正律」と「平均律」の差

では、実際に倍音と平均律が、どのくらいズレているのでしょうか？　表にまとめました。

ここでいう「セント」は細かな音程を測定する単位で、平均律の半音＝100セントとされます。つまり、鍵盤の半音まではズレないけれども、わずかに少しだけズレている音程です。

倍音	平均律よりの差
基音	±0
第2倍音	±0
第3倍音	+1.955セント
第4倍音	±0
第5倍音	-13.686セント
第6倍音	+1.955セント
第7倍音	-31.174セント
第8倍音	±0
第9倍音	+3.910セント
第10倍音	-13.686セント
第11倍音	-48.682セント
第12倍音	+1.955セント
第13倍音	-59.472セント
第14倍音	-31.174セント
第15倍音	-11.731セント
第16倍音	±0

次のページに続く ▶▶▶

　自然倍音列から導き出された「純正律」は、周波数がシンプルな倍数になっています。そのため、同時に鳴らしても、まったくうねりのない綺麗なものになります。

　しかし、平均律は均等に分けたため、シンプルな周波数の組み合わせができません。つまり、ハーモニーはどれも妥協しているのです。

① 純正律と平均律を比べてみよう

| ド | ド | ソ | ド | ミ | ソ | シ♭ | ド | レ | ミ | ファ♯ | ソ | ラ | シ♭ | シ | ド |
| 1 | 2 | 3 | 4 | 5 | 6 | 7 | 8 | 9 | 10 | 11 | 12 | 13 | 14 | 15 | 16 |

「純正律」によるピッチと「平均律」によるピッチ、そして同時に演奏したものを聴いてみましょう

同時に鳴らした2つの音の数セントの音程の違いは、音のうねりとなって聴こえます

倍音列、純正律、平均律

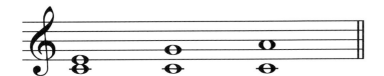

「純正律（音源前半）」によるハーモニーと「平均律（音源後半）」によるハーモニーを聴き比べてみましょう

うねりのない「純正律」、「平均律」によるハーモニーのうねりを確認します

ヒント

　ハーモニーが美しく響くなら「純正律」にすればよいのですが、最大の欠点は、基準の音が変わったときに、まったくキレイにハモらなくなるどころか、むしろ酷いハーモニーになります。

ヒント

　対して「平均律」は、どこの音を基準としても平均的に、そこそこのハーモニーになるということ。これは音楽的な利点として、「転調」ができるということになります。
　「転調」に関しては、第3章の「キー」に説明を譲りますが、現在「平均律」が用いられている最大の理由の1つが転調の自由といえるでしょう。

🏁 終わり

とても相性のよい音程について知ろう

キーワード 🔑 絶対協和音程、完全協和音程、Perfect、8度、1度、5度、4度

第2章 音の間隔、音程を知ろう

　2つの音の高さの間隔を「音程」といいます。音程が連続していけば、メロディやフレーズになりますし、同時に複数の音程を組み合わせたものが、ハーモニーや

コードになります。このことから、音程は音楽の基本となる部品ともいえます。音程には相性があり、まず相性の良い音程を見ていきましょう。

「倍音列」は基音に近いものほど「音程の相性」がよいです

　2つの音と音の高さの間隔を「音程」といいますが、倍音列では、基音から離れた倍音になるほど、隣同士の音程が縮まっていることがわかります。基音とそれぞれの倍音の相性は、基音に近いものほど＝つまり、数字が小さいものほど、相性がよいということになりま

す。一方、右の数字になるほど、基音との相性がすこしづつ薄れていきます。
　ちなみに、先ほどの項でも取り上げましたが、自然倍音列は「平均律」のピッチと多少ズレているところもあります。ここ以降、近似値としての音程を使用していきます。

◆倍音列と音程の関係

音程は「度」で表します

1の基音と第2倍音は「ド」とオクターブ上の「ド」で、「8度」といいます。変化記号がつかない「幹音」＝つまり鍵盤においては白い鍵盤同士で、元の音を「1」と数えて「ドレミ…」の8つ上の「ド」に相当します。

同じ様に、第2倍音と第3倍音の「ドとソ」は「5度」、第3倍音と第4倍音の「ソとド」は「4度」です。英語では、「8th」「5th」「4th」と表します。

第4倍音までの隣り合った音程を「完全音程」といいます

第4倍音までの隣り合った音程同士は、とてもよく交じりあう＝協和します。この音程のタイプは「完全」の称号がつけられます。

●1の基音と同じ音：完全に一致する音程です。これを「完全1度」といいます。つまり「Perfect Unison」（Unisonは「同音」「同度」の意味です）で、略して「P1」です。

●1の基音と第2倍音：その次に協和する音程です。これを「完全8度」といいます。つまり「Perfect 8th」、略して「P8」です。

●第2倍音と第3倍音：さらに、その次に協和する音程です。これを「完全5度」といいます。つまり「Perfect 5th」、略して「P5」です。

●第3倍音と第4倍音：完全5度の次に協和する音程です。これを「完全4度」といいます。つまり「Perfect 4th」、略して「P4」です。

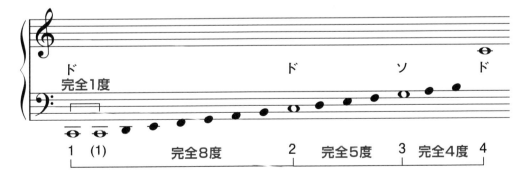

ちなみに、完全1度と8度を「絶対協和音程」、完全5度と4度を「完全協和音程」といいます。

次のページに続く ▶▶▶

絶対協和音程、完全協和音程、Perfect、8度、1度、5度、4度

幹音同士の組み合わせで、1度の音程と8度の音程が同時に演奏されます

すべて「完全1度」「完全8度」の「絶対協和音程」が鳴っていることを確認します

ヒント

同じ音同士の音程は「0」ではなく「1」と数えることに注意してください。なお、完全8度は、言い換えると「1オクターブ」ですが、この音程に含まれる半音の数でいえば、12半音になります。

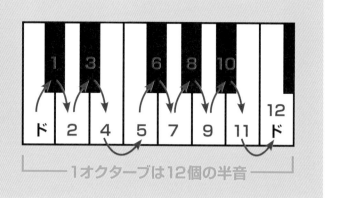

1オクターブは12個の半音

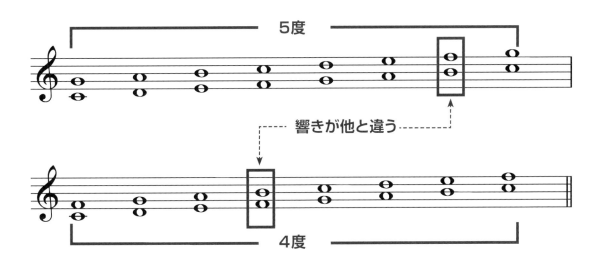

響きが他と違う

> 幹音同士の組み合わせで、5度の音程と4度の音程を同時に演奏してみます

> 5度の「シとファ」と4度の「ファとシ」が、それ以外の5度と4度と響きが違うことを確認します

ヒント💡

「シとファ」あるいは「ファとシ」が他の響きと違う理由を考えてみましょう。それ以外すべて「完全5度」と「完全4度」、つまり「完全協和音程」です。

一方、「シとファ」と「ファとシ」の2つの音の組み合わせは「完全」にはならないのです。詳しくはレッスン14で解説します。

🏁 終わり

まずまず相性のよい音程について知ろう

とても相性のよい完全協和音程は、第4倍音までの隣り合った倍音の音程でした。同じように、第4倍音と第5倍音の組み合わせ、第5倍音と第6倍音の組み合わせもあります。これらは「3度」で、間隔の「長いもの」と「短いもの」があります。ここでは3度を軸に、6度についても考えていきましょう。

第2章　音の間隔、音程を知ろう

同じ3度の音程でも「長いもの」と「短いもの」は区別します

第4倍音と第5倍音「ドとミ」、次の第5倍音と第6倍音「ミとソ」を確認してください。どちらも「3度」になります。

ドとミは長い3度　　　　ミとソは短い3度

しかし、このそれぞれ2つの3度は、響きのタイプとしては違ったものになります。ピアノの鍵盤や、ギターのフレットのように、すぐ隣り合った音程（白鍵と黒鍵のとなりも含む）を「半音（はんおん）」といいますが、「ドとミ」は、その3度に含まれる半音の数が4つです。

対して、「ミとソ」は3つとなります。つまり、半音分の違いがあり、同じ3度でも「長いもの」と「短いもの」があることがわかります。

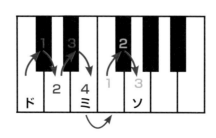

長いものは「長音程」、短いものは「短音程」です

●第4倍音と第5倍音「ドとミ」：これを「長（ちょう）3度」といいます。英語では「長」はMajor（メジャー）ですので「Major 3rd」となります。略して「M3」です。

●第5倍音と第6倍音「ミとソ」：こちらは「短（たん）3度」といいます。英語では「短」はminor（マイナー）なので「minor 3rd」となります。略して「m3」です。

「3度」は「6度」と同じ「相性」になります

第4倍音と第5倍音「ドとミ」ですが、同じ「ドとミ」の組み合わせとして、「ミとド」も考えられます。

この「ミとド」は、第5倍音と第8倍音の関係になります。これは「6度」となります。

同じく、第5倍音と第6倍音「ミとソ」も「ソとミ」と考えると、第3倍音と第5倍音の関係になります。こちらも「6度」です。

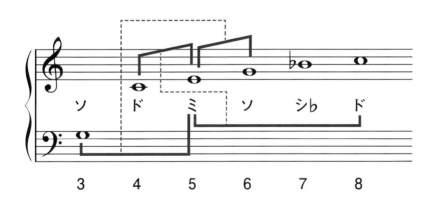

次のページに続く▶▶▶

６度にも「長音程」、「短音程」があります

第３倍音と第５倍音の「ソとミ」、第５倍音と第８倍音の「ミとド」のどちらの「６度」も、やはり間に含まれる半音の数が違います。ピアノの図で示

したとおり、赤で記した「ソとミ」が９つ、青で記した「ミとド」８つと、半音違いの長短があることがわかります。

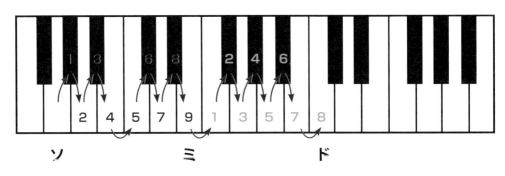

●ソとミ：こちらは長い６度で「長６度」、英語で「Major 6th」といいます。略して「M6」です。

●ミとド：これは短い６度で「短６度」、英語で「minor 6th」といいます。略して「m6」です。

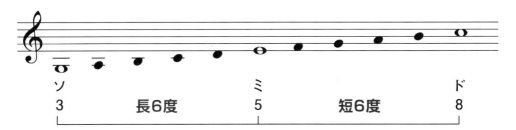

「３度」と「６度」を不完全協和音程といいます

「３度」の音程は、同じ２つの音の組み合わせと考えると「６度」と同じ組み合わせになります。この「長３度」「短３度」、そして「長６度」「短６度」

は、完全な協和ほどではありません。しかし、音楽的にはハーモニーやコード（和音）として用いられ、「不完全協和音程」として扱われます。

① 幹音同士の「3度」の組み合わせを確認しておこう TRACK 19

幹音同士の組み合わせで、3度の音程を同時に演奏してみます

前半の3つが「長3度」、後半の4つが「短3度」なので、比較して聴き比べます

② 幹音同士の「6度」の組み合わせを確認しておこう TRACK 20

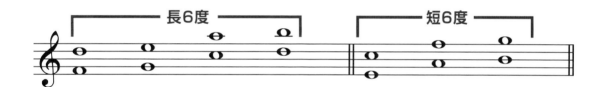

幹音同士の組み合わせで、6度の音程を同時に演奏してみます

前半の4つが「長6度」、後半の3つが「短6度」なので、比較して聴き比べます

ヒント

　「ドとミ」の「長3度」、同じ2つの音の組み合わせの「ミとド」が「短6度」になります。「長」と「短」が入れ替わっていることに気が付きましたか？　これを「転回音程」といいます。詳しくはレッスン18で解説します。

 終わり

あまり相性のよくない音程について知ろう

引き続き、音列に沿って協和する音程を確認していきます。「絶対協和音程」「完全協和音程」「不完全協和音程」まで確認してきました。1オクターブ以内の音の組み合わせとしては、残りは2度と7度になりますが、これらの音程を考えてみましょう。

2度の音程も「長2度」と「短2度」は区別します

第8倍音と第9倍音「ドとレ」、次の第11倍音と第12倍音「ファ♯とソ」、どちらも、すぐ隣の音、つまり「2度」になります。

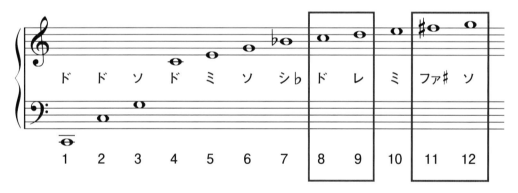

しかし、このそれぞれ2つの2度は、響きのタイプとしては違ったものです。3度や6度のときと同じように半音の数でとらえると、「ドとレ」は、その2度に含まれる半音の数が2つであるのに対して、「ファ♯とソ」は1つなので、半音分の違いです。やはり、長いものと短いものがあることがわかります。

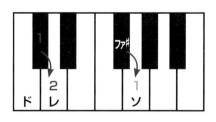

●第８倍音と第９倍音「ドとレ」：これを「長２度」といいます。英語では「Major 2nd」となります。略して「M2」です。なお、よく使われる長２度には「全音」という表現もあります。英語では「Whole tone」です。

●第11倍音と第12倍音「ファ♯とソ」：こちらは「短２度」といいます。英語では「minor 2nd」となります。略して「m2」です。短２度は、別の表現で「半音」です。英語では「Half tone」です。前置きなしに、これまでも何度も使ってきましたが、一般的な鍵盤の楽器で演奏できる、音楽を構成するピッチ（音高）の最小単位です。

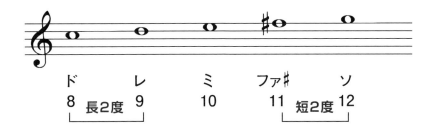

「２度」は「７度」と同じ「相性」になります

第８倍音と第９倍音「ドとレ」です。同じ「ドとレ」の組み合わせとして「レとド」と考えると、第９倍音と第16倍音の関係になります。これは「７度」となります。

同じく、第11倍音と第12倍音「ファ♯とソ」も「ソとファ♯」と考えると、第６倍音と第11倍音の関係になります。こちらも「７度」です。

次のページに続く ▶▶▶

７度にも「長音程」、「短音程」があります

第6倍音と第11倍音の「ソとファ♯」、第9倍音と第16倍音の「レとド」の半音の数を確認しましょう。どちらも「7度」となりますが、間に含まれる半音の数でいうと、「ソとファ♯」が11個、「レとド」が10個です。やはり、半音違いの長短があることがわかります。

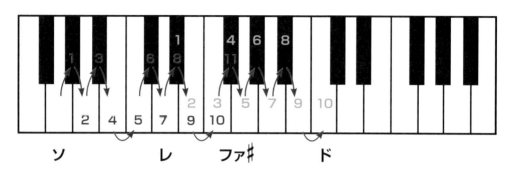

●ソとファ♯：こちらは長い7度で「長7度」英語で「Major 7th」といいます。略して「M7」です。

●レとド：これは短い7度で「短7度」英語で「minor 7th」といいます。略して「m7」です。

「2度」と「7度」を不協和音程といいます

「2度」の音程は、「7度」と同じ音の組み合わせになります。この「長2度」と「短2度」、そして「長7度」と「短7度」は、緊張感の高い響きになり、これらは「不協和音程」として扱われます。

① 幹音同士の「2度」の組み合わせを確認しておこう

TRACK **21**

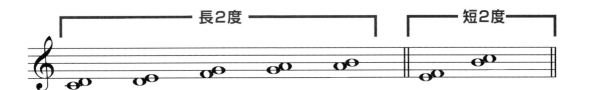

長2度 短2度

> 幹音同士の組み合わせで、2度の音程を同時に演奏してみます

> 前半の5つが「長2度」後半の2つが「短2度」なので、聴き比べます

ヒント

鍵盤では、黒鍵が挟まらないところが「短2度」、つまり半音になっていることがあります。

五線に表すと、長、短かかわらず、

すべて等間隔の音程に見えるところが、ややこしく面倒なところでもありますが、楽典や音楽の仕組みとしては興味深いところでもあります。

② 幹音同士の「7度」の組み合わせを確認しておこう

TRACK **22**

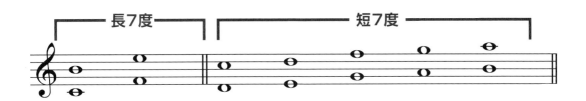

長7度 短7度

> 幹音同士の組み合わせで、7度の音程を同時に演奏してみます

> 前半の2つが「長7度」後半の5つが「短7度」なので、聴き比べます

 終わり

レッスン 14 音程が拡がるパターンを知ろう

キーワード🔑━ 増音程、Augment、異名同音程

レッスン11からレッスン13で、基本的な幹音同士の基準となる音程について見てきました。ここからは、♯や♭などの変化記号がついた「派生音」も含め、さらに音程が拡がったり、狭まったりしたときの表現を覚えていきましょう。

「完全音程」が、半音分拡がると「増音程」になります

「レとソ」は「完全4度」ですが、ソが半音上がって「ソ♯」になると、完全音程から半音分音程が拡がった音程になり、「増（ぞう）4度」と称号が変わります。完全4度は、半音で5つの隔たりでしたが、増4度で半音6つの隔たりとなります。同じように「レとソ」の「レ」が半音下がって「レ♭」となっても、半音分拡げられたので「増4度」と解釈します。

英語では「オーギュメント」「Augmented 4th」。略して「Aug4」。

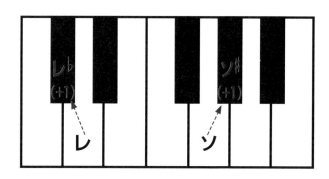

第2章 音の間隔、音程を知ろう

レッスン11で、幹音の組み合わせでできる「4度」音程のうち「ファとシ」だけ「完全音程」ではないと前置きしておきました。ここだけが、半音6つの隔たりになっているからです。幹音同士の組み合わせですが、すでに「増4度」になっています。

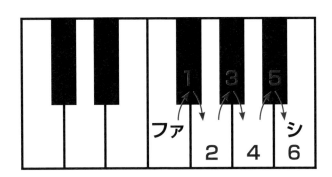

「長音程」も拡がると「増音程」となります

「ファとラ」は「長3度」ですが、ラが半音上がって「ラ♯」となると「増3度」となります。同じく「ファ」が半音下がって「ファ♭」となっても「増3度」です。「ファ♭＝ミ」なので「異名同音」として読み替えれば「ミとラ」の「完全4度」と同じにはなるのですが、これも「異名同音程」として、音楽的には、きちんと区別して用います。

　この法則は「3度」に限らず、他の「2度」「6度」「7度」の長音程も同様となります。

長3度　➡　増3度　　　　　　　　完全4度

次のページに続く ▶▶▶

「短音程」は拡がると、ひとまず「長音程」に格上げされます

　「ミとソ」は「短3度」ですが、「ソ」が半音上がって「ソ♯」になると、半音4つの隔たりになります。これは「長3度」と同じ音程ですので、そのまま「長3度」と表現します。

　同じく「ミとソ」の「ミ」が半音下がって「ミ♭」になっても「長3度」です。この法則は「3度」に限らず、他の「2度」「6度」「7度」の短音程も同じです。

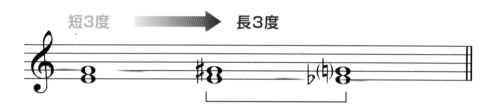

ヒント

　「増4度」は、半音では6つ分ですが、全音が3つ分ともいえるので、「三全音」（英語で「トライトーン」）ともいわれます。これは和音の響きや、特性を決定する重要な音程であり、キーワードになりますので覚えておきましょう。

ヒント

　例えば次ページ上譜例の「ドとド♯」は「増1度」ですが、異名同音程なら「短2度」となり、これは「半音」に相当します。

① 「完全音程」を拡げた「増音程」の組み合わせを確認しよう

TRACK 23

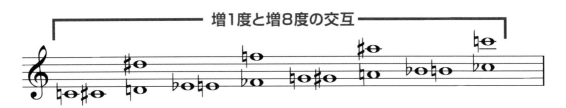

増1度と増8度の交互

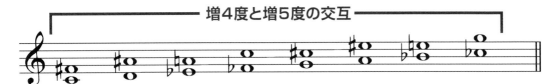

増4度と増5度の交互

「増音程」になる組み合わせを演奏してみます

1段目は「増1度」と「増8度」を交互に、2段目は「増4度」と「増5度」が交互に演奏されますので、それらを聴き比べます

② 拡げた「増音程／長音程」の組み合わせを確認しよう

TRACK 24

長音程を拡げた増音程

短音程を拡げた長音程

「2度」「3度」「6度」「7度」の順序で、拡げた音程を演奏してみます

1段目は、すべて「長音程」を拡げた「増音程」、2段目は、すべて「短音程」を拡げた「長音程」が演奏されますので、それぞれを聴き比べます

 終わり

音程が狭まる
パターンを知ろう

ここまでで、完全音程や長音程が拡がると増音程になること、短音程が拡がるといったん長音程になることがわかりました。

ここでは、反対に、それらが狭まるとどうなるかを確認していきましょう。

「完全音程」が、半音分狭まると「減音程」になります

「レとラ」は「完全5度」ですが、ラが半音下がって「ラ♭」になると、完全音程から半音分音程が狭まった音程になり、「減（げん）5度」と称号が変わります。完全5度は、半音で7つの隔たりでしたが、減5度で半音6つの隔たりとなります。

同じように「レとラ」の「レ」が半音上がって「レ♯」となっても、半音分狭められるので「減5度」となります。英語では「ディミニッシュ」「diminished 5th」、略して「dim5」となります。

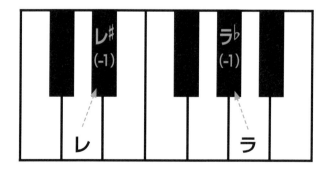

「シとファ」は、すでに「減5度」です

レッスン11で、幹音の組み合わせでできる「5度」音程のうち「シとファ」だけ「完全音程」ではないと前置きしました。幹音同士の組み合わせの「シとファ」だけ、半音6つの隔たりなので、すでに「減5度」になっています。

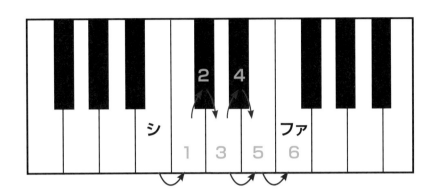

ヒント

半音6つ分の隔たりというのは、レッスン14で見たように「増4度」と同じ間隔になっています。つまり「増4度」と「減5度」は異名同音程で、どちらも「トライトーン」でもあり「不協和音程」に分類されます。なお「トライトーン」は「三全音」ともいい、全音3つ＝半音6つの音程です。

減5度　　　　　増4度　　　　　増4度

すべて半音6つ分のトライトーン

次のページに続く▶▶▶

「短音程」も狭まると「減音程」となります

　「ミとソ」は「短3度」ですが、「ソ」が半音下がって「ソ♭」となると「減3度」となります。同じく「ミ」が半音上がって「ミ♯」となっても「減3度」です。

　「ミ♯＝ファ」なので、「異名同音」として読み替えれば「ファとソ」の「長2度」と同じにはなるのですが、これも「異名同音程」として、音楽的には、きちんと区別して用います。

　この法則は「3度」に限らず、他の「2度」「6度」「7度」の短音程も同じです。

「長音程」が狭まると、ひとまず「短音程」に格下げされます

　「ファとラ」は「長3度」ですが、「ラ」が半音下がって「ラ♭」になると、半音3つの隔たりになります。これは「短3度」と同じ音程なので、そのまま「短3度」と表現します。同じく「ファとラ」の「ファ」が半音上がって「ファ♯」になっても「短3度」です。

　この法則は「3度」に限らず、他の「2度」「6度」「7度」の長音程も同様となります。

ヒント❗

　「減1度」は、同度の「完全1度」より狭い音程ということになりますが、これは実在しません。例えば「ドとド♭」は、「ド♭」が低いので、そちらが基準となって、この2音の音程は「増1度」となるのです。

① 「完全音程」を狭めた「減音程」の組み合わせを確認しよう

減8度

減4度と減5度の交互

「減音程」になる
組み合わせを演奏
してみます

1段目は「減8度」、2段目は「減
4度」と「減5度」が交互に演奏さ
れますので、それらを聴き比べます

② 狭めた「減音程／短音程」の組み合わせを確認しよう

短音程を狭めた減音程

長音程を狭めた短音程

「2度」「3度」「6度」「7
度」の順序で、狭めた音
程を演奏してみます

1段目は、すべて「短音程」を狭めた「減音程」、2
段目は、すべて「長音程」を狭めた「短音程」が演
奏されますので、それぞれ比較して聴き比べます

 終わり

もっと音程が拡がる
パターンを知ろう

キーワード🔑━ 重増音程、Double Augment

「完全音程」が半音1つ分拡がったり、狭まったりしたら「増音程」と「減音程」となることを知りました。ここでは、さらに半音1つ分、つまり半音2つ分拡がるパターンについてみておきましょう。

「増音程」が、さらに半音分拡がると「重増音程（じゅうぞう）」になります

「レとソ♯」あるいは「レ♭とソ」は「増4度」でしたが、さらに「ソ♯」が半音上がって「ソ𝄪」や「レ♭」が、さらに半音下がって「レ♭♭」になると「重増（じゅうぞう)4度」と称号が変わります。増4度は、半音で6つの隔たりでしたが、重増4度で半音7つの隔たりとなります。

「レとソ」の「完全4度」音程で、2つの音のうち、上の方の「ソ」が半音上がって「ソ♯」、さらに下の方の「レ」が半音下がって「レ♭」となっても、半音2つ分拡げられたので「重増4度」と解釈します。英語では「ダブルオーギュメント」、「Double Augmented 4th」です。

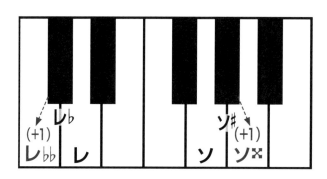

「重増4度」を異名同音で読み替えると、半音7つ分の「完全5度」に相当することになります。よって、響きの種類としては「完全協和音程」といえます。

重増4度＝完全5度

完全協和音程

「長音程」も半音2つ分拡がると「重増音程」となります

「ファとラ♯」あるいは「ファ♭とラ」は「増3度」でした。さらに「ラ♯」が半音上がって「ラ×」や「ファ♭」が半音下がって「ファ♭♭」になると「重増3度」となります。

同じく「ファとラ」の「長3度」音程で、上の「ラ」が半音上がって「ラ♯」さらに、下の方の「ファ」が半音下がって「ファ♭」となっても、半音2つ分拡げられたので「重増3度」です。

こちらも異名同音で読み替えると「増4度」や「減5度」のトライトーンに相当する異名同音程になりますが、楽譜上では区別します。

この法則は「3度」に限らず、他の「2度」「6度」「7度」の長音程も同じです。

増3度　　　　　重増3度　　　　　増4度　減5度

次のページに続く ▶▶▶

「短音程」も半音ずつ拡がると、「長音程」→「増音程」になります

　「ミとソ♯」あるいは「ミ♭とソ」は「長3度」ですが、「ソ♯」が半音上がって「ソ𝄪」や「ミ♭」が半音下がって「ミ♭♭」になると、「増3度」と表現します。同じく「ミとソ」の「短3度」音程で、上の「ソ」が半音上がって「ソ♯」、

さらに下の「ミ」が半音下がって「ミ♭」になっても、半音2つ分拡がるので「増3度」です。
　この法則は「3度」に限らず、他の「2度」「6度」「7度」の短音程も同様となります。

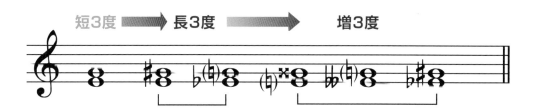

短3度　➡　長3度　➡　増3度

① 「完全音程」を拡げた「重増音程」の組み合わせを確認しよう

重増1度と重増8度の交互

重増4度と重増5度の交互

> 「重増音程」になる
> 組み合わせを演奏
> してみます

> 1段目は「重増1度」と「重増8度」を交互に、
> 2段目は「重増4度」と「重増5度」が交互に
> 演奏されますので、それぞれを聴き比べます

② 拡げた「重増／増音程」の組み合わせを確認しよう

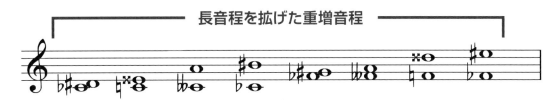

長音程を拡げた重増音程

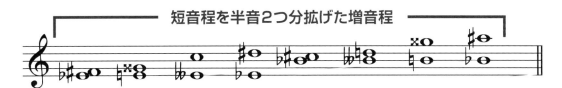

短音程を半音2つ分拡げた増音程

> 「2度」「3度」「6度」
> 「7度」の順序で、拡
> げた音程を演奏して
> みます

> 1段目は、すべて「長音程」を拡げた「重増音程」、2段
> 目は、すべて「短音程」を半音2つ分拡げた「増音程」
> です、それぞれ比較して聴き比べます

🏁 終わり

もっと音程が狭まる
パターンを知ろう

キーワード 🔑 重減音程、Double diminish

「長音程」あるいは「完全音程」から「増音程」へ、さらに拡がると「重増音程」
となることを知りました。ここで、狭められるパターンもまとめておきます。

第2章 音の間隔、音程を知ろう

「減音程」が、さらに半音分狭まると「重減音程」になります

「レとラ♭」あるいは「レ♯とラ」は「減5度」でしたが、さらに「ラ♭」が半音下がって「ラ♭♭」や、「レ♯」がさらに半音上がって「レ𝄪」になると、「重減（じゅうげん）5度」と称号が変わります。減5度は、半音で6つの隔たりでしたが、重減5度で半音5つの隔たりとなります。

「レとラ」の「完全5度」音程で、2つの音のうち、上の音の「ラ」が半音下がって「ラ♭」、さらに下の音の「レ」が半音上がって「レ♯」となっても、半音2つ分狭められるので「重減5度」と解釈します。英語では「ダブルディミニッシュ」、「Double diminished 5th」です。

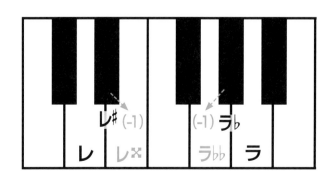

「重減5度」は異名同音程で「完全4度」となります

「重減5度」を異名同音で読み替えると、半音5つ分の「完全4度」に相当することになります。よって、響きの種類としては「完全協和音程」といえます。

重減5度＝完全4度

完全協和音程

「短音程」も半音2つ分狭まると「重減音程」となります

「ミとソ♭」、あるいは「ミ♯とソ」は「減3度」でした。さらに「ソ♭」が半音下がって「ソ♭♭」や「ミ♯」が半音上がって「ミ×」になると「重減3度」となります。

同じく「ミとソ」の「短3度」音程で、上の「ソ」が半音下がって「ソ♭」、さらに下の方の「ミ」が半音上がって「ミ♯」となっても、半音2つ分狭められたので「重減3度」です。

こちらも異名同音で読み替えると「短2度」や「増1度」に相当する異名同音程になりますが、楽譜上では区別します。

この法則は「3度」に限らず、他の「2度」「6度」「7度」の長音程も同じです。

減3度　　　重減3度　　　　　　増1度　短2度

次のページに続く ▶▶▶

「長音程」も半音ずつ狭まると、「短音程」→「減音程」になります

「ファとラ♭」、あるいは「ファ♯とラ」は「短3度」ですが、「ラ♭」が半音下がって「ラ♭♭」や「ファ♯」が半音上がって「ファ×」になると、「減3度」と表現します。同じく「ファとラ」の「長3度」音程で、上の「ラ」が半音下がって「ラ♭」さらに、下の「ファ」が半音上がって「ファ♯」になっても、半音2つ分狭まるので「減3度」です。

この法則は「3度」に限らず、他の「2度」「6度」「7度」の長音程も同様となります。

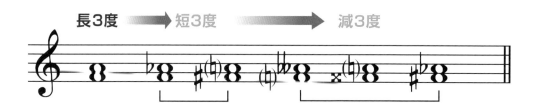

長3度 ➡ 短3度 ➡ 減3度

① 「完全音程」を狭めた「重減音程」の組み合わせを確認しよう

TRACK **29**

重減8度

重減4度と重減5度の交互

「重減音程」になる組み合わせを演奏してみます

1段目は「重減8度」、2段目は「重減4度」と「重減5度」が交互に演奏されますので、それぞれを聴き比べます

ヒント

「減1度」が存在しなかったように「重減2度」も存在しません。そして「重減2度」は理論上成立はしますが、こ

れも、基準の音よりも低い音程になるので、矛盾が生じてきます。やはり「増1度」と考えるのが自然でしょう。

② 狭めた「重減音程／減音程」の組み合わせを確認しよう TRACK 30

短音程を狭めた重減音程

長音程を半音2つ分狭めた減音程

「2度」「3度」「6度」「7度」の順序で、狭めた音程を演奏してみます

1段目は、すべて「短音程」を狭めた「重減音程」、2段目は、すべて「長音程」を半音2つ分狭めた「減音程」で、それぞれ比較して聴き比べます

終わり

18 音程の表裏と転回を知ろう

キーワード 🔑━ 転回音程、複音程、単音程

ある2つの音の隔たりを「音程」といいましたが、上下の関係を入れ替えても、2つの音の組み合わせが変わることはありません。このとき、音程の呼び方こそ変わりますが、2つの音の協和のタイプとしては、同タイプのままとなります。

ある音程の上下を入れ替えたものを「転回音程」といいます

下の音をオクターブ上に、あるいは上の音をオクターブ下にすると、上下の高さの関係が逆転することになります。これを「転回音程」といいます。転回することによって、度数が変わりますが、どちらを上下させても結果は同じ度数になります。

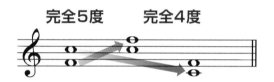

完全5度　　完全4度

●転回音程の組み合わせの確認

「完全1度」と「完全8度」は転回音程の関係にあります。同じように「完全4度」と「完全5度」も転回音程の関係です。転回音程の組み合わせをすべて書き出すと、

● 「完全1度」と「完全8度」
● 「長2度」と「短7度」
● 「短2度」と「長7度」
● 「長3度」と「短6度」
● 「短3度」と「長6度」
● 「増4度」と「減5度」
● 「重増4度」と「重減5度」
となります。

ここで譜面上で元の音程と転回音程を、譜面上で見ていきましょう。

元の音程と転回音程の関係と法則です

　元の音程「元音程」の度数と、その「転回音程」の度数を足すと「9」になります。また「完全」音程は転回しても「完全」のままです。

　一方、「長」←→「短」、「増」←→「減」、「重増」←→「重減」音程は転回すると、それぞれ入れ替わります。これを整理すると、次のようになります。

- ●「元音程」＋「転回音程」の度数を足すと「9度」に
- ●「完全」音程は転回しても「完全音程」のまま
- ●「長音程」←→「短音程」に入れ替わり
- ●「増音程」←→「減音程」に入れ替わり
- ●「重増音程」←→「重減音程」に入れ替わり

次のページに続く ▶▶▶

1オクターブを超える音程は「複音程」といいます

2つの音のどちらかをオクターブの間隔で転回しても、上下関係が変わらず、音程が1オクターブ内に還元されるときがあります。この元の1オクターブを超える音程を「複音程」、還元して1オクターブ内に収まっているものを「単音程」といいます。つまり、ここまで説明してきた「1度〜8度」は、すべて「単音程」、9度以上が「複音程」です。

なお、「複音程」を「オクターブと単音程」を使用して書くと、各複音程は次のようになります。

● 長10度：1オクターブと長3度
● 短16度：2オクターブと短2度
● 増11度：1オクターブと増4度

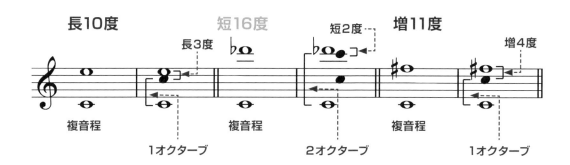

●複音程に含まれる単音程の度数の求め方

次に、複音程の度数から1オクターブ還元して単音程の度数を求める方法を確認しましょう。次の式のように、複音程からから「7」を引くだけです（2オクターブを超えるときは、7の倍数を引きます）。

● 長10度：10−7＝3（元の複音程が長音程なので、長3度）
● 短16度：16−7×2＝2（元の複音程が短音程なので、短2度）
● 増11度：11−7＝4（元の複音程が増音程なので、増4度）

① 幹音同士の転回音程を確認しておこう

元音程と転回音程の交互

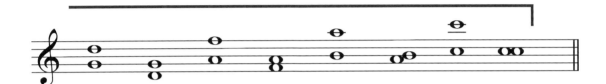

「幹音」による基本の音程と、その転回音程になる組み合わせを演奏してみます

「元音程」と「転回音程」を交互に聴き比べ、協和度が同じであることを確認します

② 派生音も含めた転回音程を確認しておこう

元音程と転回音程は協和度が同じ！

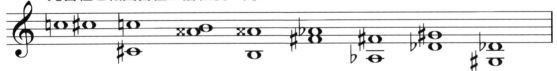

「派生音」を含めた、拡げた、あるいは狭めた音程と、その転回音程になる組み合わせを演奏します

「元音程」と「転回音程」を交互に聴き比べ、協和度が同じであることを確認します

 終わり

音程の種類を
まとめて覚えよう

キーワード🔑 音程、幹音、派生音、転回音程、元音程、複音程、単音程

ここまで「音程」のとらえ方を見てきました。旋律・メロディは「音程」の連続と考えられます。

またコード（和音）は、複数の音程の組み合わせなので、ここで完全に理解しておきましょう。

第2章 音の間隔、音程を知ろう

幹音同士の音程は「ミとファ」「シとド」の「半音」に着目します

1オクターブの中には、「ミとファ」「シとド」の「短2度」＝つまり「半音」の隔たりが2箇所含まれます。

例えば、2つの音の音程の組み合わせに、「ミとファ」「シとド」の半音の箇所がいくつ含まれるのか、次の譜面で確認しましょう。

ヒント❗

1度〜4度まで覚えておけば、5度〜8度まではそれらの転回となります。このように音程の転回を知れば、意外とスムーズに音程が把握できてしまいます。仕組みは効率的に！

転回を使って7度を2度に還元して「長・短」を把握したり、複音程の9度、11度や13度などを単音程に置き換えて把握することは、後述するコード（和音）の7thやテンションを理解する上で不可欠です。ここでしっかりと覚えていきましょう。

● 「完全8度」には半音が2箇所含まれます
● 「長2度」には半音が含まれません／「短2度」は、まさに半音の箇所です
● 「長3度」には半音が含まれません／「短3度」には、半音の箇所が1箇所含まれます
● 「完全4度」には半音が1箇所含まれます／「増4度」には、半音が含まれません
● 「完全5度」には半音が1箇所含まれます／「減5度」には、半音が2箇所含まれます
● 「長6度」には半音が1箇所含まれます／「短6度」には、半音が2箇所含まれます
● 「長7度」には半音が1箇所含まれます／「短7度」には、半音が2箇所含まれます

	半音が含まれない	半音が1箇所	半音が2箇所
4度／5度	増	完全	減
2度／3度	長	短	
6度／7度		長	短

幹音以外、派生音における音程把握のポイントです

　変化記号がついた派生音の音程は、幹音で基準の音程を把握して、さらにそこから半音何個分拡がる、あるいは狭まるのかを考えて、次の図に照らし合わせます。

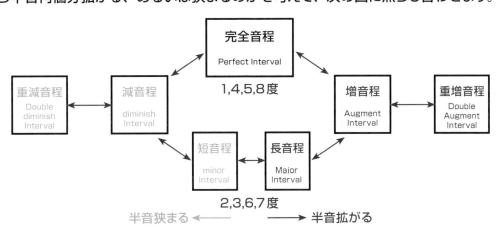

　「完全」→「増・減」は直行ですが、「短→長→増」あるいは「長→短→減」は、1ステップ迂回になるところがポイントです。

次のページに続く ▶▶▶

●元音程と転回音程を足すと「9」

サイコロの表裏は足して「7」になりますが、音程は足して「9」になるのです。つまり、

●1度←→8度　●2度←→7度　●3度←→6度　●4度←→5度

が足して「9」になるということです。

●転回してもそのままの音程、入れ替わる音程

「完全音程」は転回しても「完全」のままです。

それ以外は、サイコロの1と6の「赤」と「黒」の関係のように、

●長←→短
●増←→減
●重増←→重減

が入れ替わります。

●「複音程」を「単音程」に還元する方法

1オクターブを超える「複音程」を「単音程」に還元する式は、次のようになります。

●複音程の度数ー「7（あるいは7の倍数）」＝単音程の度数

ちなみに、複音程についている名称、完全・長・短・増・減・重増・重減などは、単音程の度数にそのまま使用します。

●例：長10度→長3度

 終わり

第3章

音階と調（キー）を知ろう

調（キー）も音階同様に明暗があります。このように音階と調（キー）は密接な関係になっています。ここでは、この2つを学んでいきましょう。

この章の内容

レッスン 20 音の並べ方、音階について知ろう

キーワード 🔑 音階、スケール、七音音階、六音音階、十二音音階

第2章では「音程」を確認してきました。この基本的な音程のパターンを組み合わせたものが「音階（スケール）」ともいえます。「音程」に次いで、音楽の仕組みを理解するのに必須なのが「音階」です。さっそく見ていきましょう。

第3章 音階と調（キー）を知ろう

音楽に使われる音を、高さ順に並べたものが「音階」です

「ドレミファソラシド」は、いくつかある「音階」の代表の1つです。この音階には、基本となる音程の組み合わせが、すべて含まれています。音程の組み合わせの見本ともいえるでしょう。

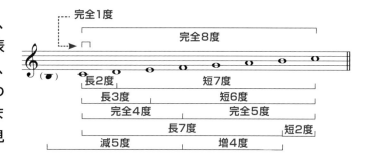

●1オクターブ内の音が、いろんな数になる音階があります

1オクターブが7個になるものを「七音音階」、または「全音階」といいます。また、1オクターブを「全音」つまり「長2度」で分割すると「六音音階」になります。すべて「全音」なので「全音音階」（ホールトーンスケール）ともいいます。そして、すべて「半音」つまり「短2度」なのが「十二音音階」です。これは「半音階」（クロマチックスケール）です。

「七音音階」＝「全音階」

「六音音階」＝「全音音階」

「十二音音階」＝「半音階」

ある地域や時代をイメージさせる「五音音階」を確認しましょう

1オクターブ内の5つの音の組み合わせからなる音階を「五音音階（ペンタトニックスケール）」といい、さまざまな種類があります。「五音音階」は響きが特徴的です。

譜面に示した音階で確認してみてください。

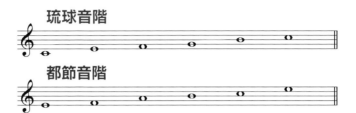

琉球音階

都節音階

① 「五音音階」のイメージを確認しよう

TRACK 33

黒鍵だけを使用

「五音音階」の1つです

黒い鍵盤＝「黒鍵」だけを演奏すると、「五音音階（ペンタトニック）」の一種になります

② 「六音音階」のイメージを確認しよう

TRACK 34

ブルース風の六音音階

「六音音階」の1つを演奏してみます

「ブルース」と呼ばれるジャンルを想起させる音階の一種になります

 終わり

開けた音階、長音階を知ろう

音階には、いろんなタイプがあることを知りましたが、「七音音階」がもっとも中心的な存在といえます。その中でもポピュラーなのが「長音階」と「短音階」といわれる2大音階です。まず、開けた響きの音階、「長音階」から見ていきましょう。

基本となる「七音音階」のひとつが「長音階」です

「ドレミ…ド」を、「ドレミファ」の4音と「ソラシド」の4音の組み合わせで考えてみましょう。これは「全音／全音／半音」の組み合わせが、「全音」で接続されています。この組み合わせを「長音階」、英語で「Major Scale」（メジャースケール）といいます。

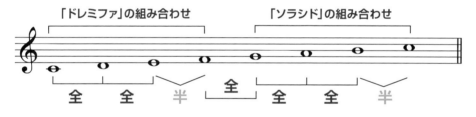

●「全音」5つと「半音」2つを含むものを「全音階」といいます

「七音音階」のうち、「全音」が5つ、「半音」が2つ含まれるものを「全音階」といい、英語だと「ダイアトニックスケール」です。「長音階」も「ダイアトニックスケール」のひとつです。「ダイアトニック」とは「Dia＝2つ、トニック＝主音」という意味です。つまり、ここでは「ド」と「ソ」という2つの中心音を持つ音階という解釈になります。

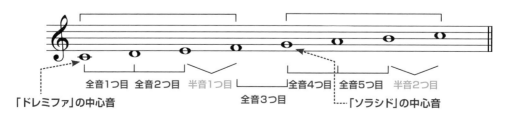

ヒント❗

　「全音階」は、レッスン20で取り上げた「全音音階（六音音階）」と名称が似ていますが、どちらも「全」だけに「全く」違ったものです。きちんと区別しましょう。

① 基準となる「長音階」を確認しておこう

TRACK 35

「長音階」の上行と下行を演奏します

「ドレミファソラシド」の上がり下がりを、英語音名、ドイツ語音名、日本語音名でいえるように練習しましょう

② 「長音階」に含まれる音程を確認しておこう

TRACK 36

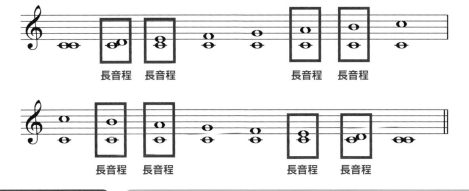

「長音階」のスタート音と、それぞれ順番にできる「音程」を演奏してみます

「長2度」「長3度」「長6度」「長7度」のように、長音程が多く構成されるので「長音階」と呼ばれることがわかります

 終わり

はかなげな音階、短音階を知ろう

キーワード 🔑 短音階、マイナースケール

　現代のあらゆるジャンルの音楽の柱となる「長音階」、つまり「メジャースケール」は、音階の中でも、最もポピュラーで、基準となるものです。それと対になる、もう1つの主要な音階が「短音階」です。ここで見ていきましょう。

第3章 音階と調（キー）を知ろう

「長音階」と対になる音階が「短音階」です

　「ラシドレミファソラ」は、音程の並び順序が「全音／半音／全音／全音／半音／全音／全音」となる音階です。このような音階を「短音階」、英語で「minor Scale」（マイナースケール）といいます。

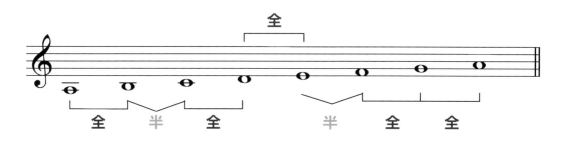

●構造上、発展途上のような存在の「短音階」

　「長音階」は、「ドレミファ」の4つの音と「ソラシド」の4つの音の音程の組み合わせが「全音／全音／半音」と同じものでした。しかし、短音階の場合は、同じ組み合わせになりません。
　そのため、長音階のような、強固で完成されたパターンの音階のシステムと比較すると、実際の音楽の中では、発展途上のような揺らいだ存在として取り扱われるのが「短音階」でもあります（その揺らぎを補う短音階のバリエーションについては、この後のレッスン23で説明します）。

① 基準となる「短音階」を確認しておこう

TRACK 37

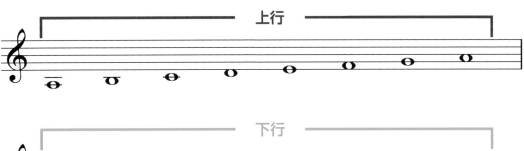

上行

下行

「短音階」の上行と下行を演奏します

「ラシドレミファソラ」の上がり下がりを、英語音名、ドイツ語音名、日本語音名でいえるように練習しましょう

② 「短音階」に含まれる音程を確認しておこう

TRACK 38

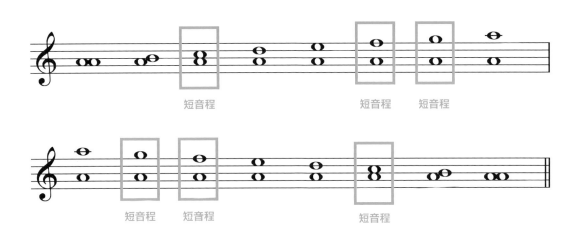

短音程　　　　　短音程　短音程

短音程　短音程　　　　短音程

「短音階」のスタート音と、それぞれ順番にできる「音程」を演奏してみます

「短3度」「短6度」「短7度」のように、短音程が多く構成されるので「短音階」と呼ばれることがわかります

 終わり

短音階の バリエーションを知ろう

キーワード🔑━ 自然的短音階、和声的短音階、旋律的短音階

「長音階（メジャースケール）」と「短音階（マイナースケール）」という現代における主要な2つの音階を見てきました。「短音階」は、「長音階」と比較すると、そのままでは、やや不完全なところがあります。

それらを補うための2つのバリエーションを見ていきましょう。

「ラシドレミファソラ」は、「自然的短音階」ともいいます

先のレッスン22で取り上げた「ラシドレミファソラ」は、音程の並び順序が「全音／半音／全音／全音／半音／全音／全音」となる音階です。日本語で「短音階」、英語では「minor Scale」（マイナースケール）といいます。

なお、短音階には、これを基準とした2つのバリエーションがあります。それらと区別するために、変化する前の「ラシドレミファソラ」は「自然的短音階」、英語で「Natural minor Scale」（ナチュラルマイナースケール）と呼びます。

◆自然的短音階（ナチュラルマイナースケール）

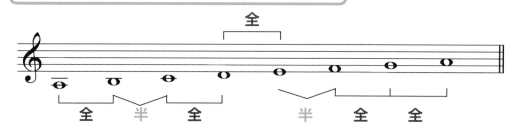

バリエーション1、「和声的短音階」の確認です

前述したように、「短音階」にはバリエーションがあります。ここでは、2つある「短音階」のバリエーションの1つ目を見ていきます。

その前に、まずバリエーションの要点となる「導音」という音について確認しましょう。

●「導音」の役割

「長音階」は、スタートから 7 番目の音から、主音（トニック＝ド）に上がるところが「半音＝短 2 度」になっています。そのため、スムーズに主音に到達できるという印象があり、これが特徴にもなっています。

この 7 番目の音を「導音（どうおん）」と呼びます。英語では「Leading Tone」です。

長音階

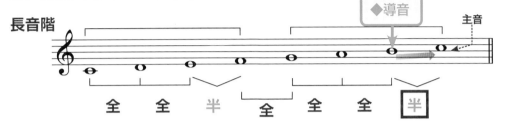

●「自然的短音階」には導音がない

一方で、自然的短音階は、主音に上がる音程が「全音＝長 2 度」なので、導音になっていません。これが自然的短音階の魅力でもありますが、「導音」を必要とするケースが音楽の歴史の中で生じてきました。例えば、第 4 章で取り上げるコード（和音）で導音が必要なケースが出てきます。

●「導音」を補ったのが「和声的短音階」

このため、7 番目の音を「半音分上げる」ように、人工的に変化させたものが「和声的短音階」です。英語で「Harmonic minor Scale」（ハーモニックマイナースケール）と呼ばれます。これによって「短音階」にも「導音」が取り入れられました。

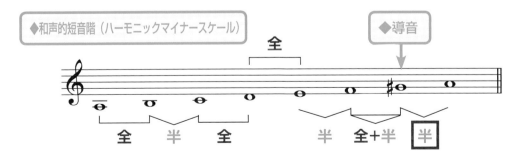

次のページに続く ▶▶▶

短音階の7番目の音を導音に変えたのが「和声的短音階」です。そのため、6番目の音との音程が「全音+半音＝増2度」と拡がり、たいへん歌いにくくなってしまいます。この問題を解決したものが以下で説明する音階です。

●6番目の音と「導音」との音程を補う処置

前述したように、「和声的短音階」は導音と 6番目の音との音程に問題があります。そこで、6番目の音も「半音分上げる」ように二次的に変化させたものが、「旋律的短音階」です。英語で「Melodic minor Scale」（メロディックマイナースケール）と呼ばれます。

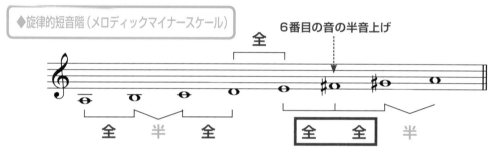

◆旋律的短音階（メロディックマイナースケール）

6番目の音の半音上げ

全　半　全　　全　全　半

厳格なクラシックの楽典では、音階の「上行形＝旋律的短音階」を、「下行形＝自然的短音階」を用いると説明されることがあります（次ページ下の練習譜例②参照）。つまり、上行と下行で異なる音階を使うわけです。

しかし、あまり区別することなく使用されるケースも多くあります。

ヒント

旋律的短音階と長音階の違いは、スケールの3番目の音だけです。つまり、構成としては「ほぼ長音階」です。

言い換えると、音階の3番目の音が違うことが旋律的短音階の特徴でもあるのです。

「ラ」を主音とする長音階

全　全　半

「ラ」を主音とする旋律的短音階との違いはここだけ

第3章　音階と調（キー）を知ろう

① 「和声的短音階」を確認しておこう

TRACK 39

上行

下行

「和声的短音階」の上行と下行を演奏してみます

「ラシドレミファソ♯ラ」の上がり下がりを、英語音名、ドイツ語音名、日本語音名でいえるように練習しましょう

② 「旋律的短音階」を確認しておこう

TRACK 40

上行形＝旋律的短音階

下行形＝自然的短音階

「旋律的短音階」の上行と下行を演奏してみます

「ラシドレミファ♯ソ♯ラ」の上行を、英語音名、ドイツ語音名、日本語音名でいえるように練習しましょう

終わり

調（キー）の仕組みと性質を知ろう

レッスン 24

キーワード○━┳ 調、Key、平行調、Relative key

「長音階」と、「短音階」とそのバリエーションを見てきました。「音階」というのは、曲の「調（キー）」というシステムを決定します。その関係を確認しましょう。

「調」とは何かの確認です

第3章
音階と調（キー）を知ろう

一般的な音楽には「調＝Key（キー）」があります。その「調（キー）」とは何か、先に学んだ音階（スケール）とともに分析していきます。

●「音階」：1オクターブ内のスターティングメンバー

1オクターブには 12個の音があります。しかし、それらがすべて用いられる曲は一般的でないでしょう。

これまで見てきた「音階」は、12種類の中から選ばれた7つの音です。そして、この「音階」が、曲を構成する「メロディやハーモニー、各種フレーズ」などの素材となるわけです。

12人選手がいる中から選ばれた 7人のスターティングメンバー（先発出場選手）のイメージですね。

●「主音」：「音階」のリーダー的存在

音階の中心音、つまり主音が、7つの音のリーダー的な位置付けです。

ここでの主音は、先発投手のようなイメージです。

●「調」：「主音」に向かっていく音楽的な性質

主音は、音楽の引力のようなもの。その主音に向かって、メロディやハーモニーなどが進んでいくわけです。これが「調（キー）」の正体です。

先発投手を軸に、チーム戦略が組み立てられるイメージですね。

「調」には「長調」と「短調」の2種類があります

音階に「長音階」と「短音階」の2種類があり、同じように、「調（キー）」にも「長調」と「短調」の2種類があります。

●長調の例

「長音階」の「ドレミファソラシド」は、「ド」を主音とした「長音階」です。この「調（キー）」は、日本語で「ハ長調」。英語だと「C Major（シーメジャー）」、ドイツ語だと「C dur（ツェードゥア）」です。

●短調の例

「ラシドレミファソラ」は、「ラ」を主音とした「短音階」です。この場合の「調（キー）」は、日本語だと「イ短調」になります。英語だと「a minor（エーマイナー）」、ドイツ語だと「a moll（アーモル）」です。

表裏一体の関係にある「長調」と「短調」の確認です

「ハ長調（C Major）」と「イ短調（a minor）（自然的短音階/Natural minor）」は、同じ構成音です。違いは「ハ長調」の主音が「ド」の長音階であり、「イ短調」は「ラ」の短音階であることです。

このように、「長調」と「短調」が表裏一体の関係にある「調（キー）」が存在します。このペアは平行している表裏のワールドのような関係なので「平行調」、英語で「Relative Key（レラティブキー）」といいます。

● 「平行調」となる「長調」と「短調」の関係

「平行調」となる「長調」と「短調」の組み合わせは、次の2つの関係になります。

● 「長音階」の6番目の音を「主音」とする「短音階」

● あるいは、「短音階」の3番目の音を「主音」とする「長音階」

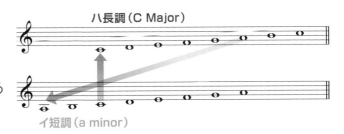

ハ長調（C Major）

イ短調（a minor）

 終わり

シャープがつく長音階を知ろう

キーワード🔑 ト長調、ニ長調、イ長調、ホ長調

前項目で、ハ長調とイ短調を学びました。当然、「調（キー）」にはこれ以外もあります。ここでは、五線譜の冒頭に♯がつく「調（キー）」を確認します。

「ハ長調」で使用される長音階の復習です

まず、「ハ長調＝C Major＝C dur」で使用される長音階を確認していきましょう。これは「ドレミファ」の4つの音と、「ソラシド」の4つの音の組み合わせでした。また、「ドレミファ」と「ソラシド」の音程は、両者とも「全音／全音／半音」で、これら2組が「全音」で接続された構造となっています。

そして、「ド」が「主音」、もうひとつの「中心音」が「ソ」であり、これが「ダイアトニックスケール」といわれる理由でした。

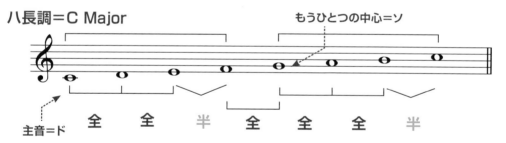

ハ長調＝C Major

もうひとつの中心＝ソ

主音＝ド　全　全　半　全　全　全　半

「ソ」を主音に置き換える作業手順です

次に、この音階後半の「中心音」、ここでは「ソ」を「主音」として考えてみましょう。つまり、「ソラシド」に、後半の4つの音を接続して、「ソ」を主音とする音階を作るわけです。すると、さきほどの「ハ長調」と全く同じ音程の繋がりの「長音階」となります。

これが「ト長調＝G Major＝G dur」の音階です。「ハ長調」の音の組み合わせと比較して、違っているのは、音階の7番目の音に♯がついているところです。

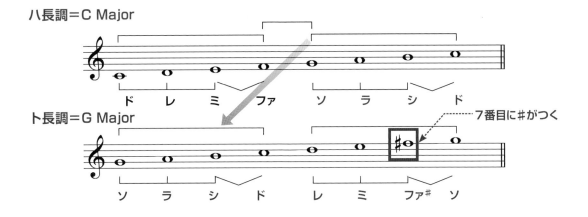

ハ長調＝C Major

ド　レ　ミ　ファ　ソ　ラ　シ　ド

ト長調＝G Major

.... 7番目に♯がつく

ソ　ラ　シ　ド　レ　ミ　ファ♯　ソ

この手順で主音をズラすと、音階の7番目に♯がつきます

　前述の手順で主音をズラすと、主音は完全5度上の音になります。そして、同じ手順を繰り返していくと、すべて音階の7番目の音に♯がついていきます。つまり、次のようになるわけです。

- ●「ト長調＝G Major＝G dur」の音階：♯が1つ
- ●「二長調＝D Major＝D dur」の音階：♯が2つ（※）
- ●「イ長調＝A Major＝A dur」の音階：♯が3つ
- ●「ホ長調＝E Major＝E dur」の音階：♯が4つ（※）

※二長調とホ長調は、五線の読みやすさの都合上、
　オクターブ下の主音から書き直しています

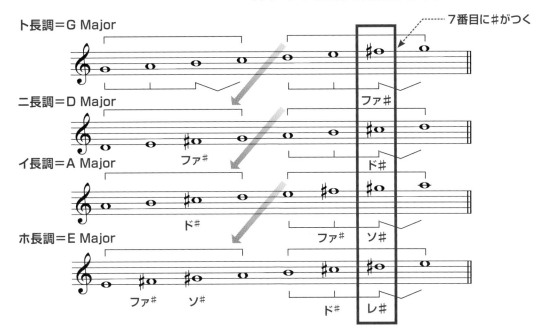

ト長調＝G Major

.... 7番目に♯がつく

二長調＝D Major　　ファ♯

イ長調＝A Major　　ファ♯　　ド♯

ホ長調＝E Major　　ファ♯　ソ♯　　ファ♯　ソ♯　　ド♯　レ♯

次のページに続く ▶▶▶

♯は五線譜の左端にまとめて記します

このように「調（キー）」によっては、♯の表記が必要となります。なおかつ、「調（キー）」が変化しない曲では、同じ音に♯が用いられます。だっ

たら、これを五線の冒頭に、まとめて表記した方が簡便です。

これを「調号」、英語で「Key Signature（キーシグネチャー）」といいます。

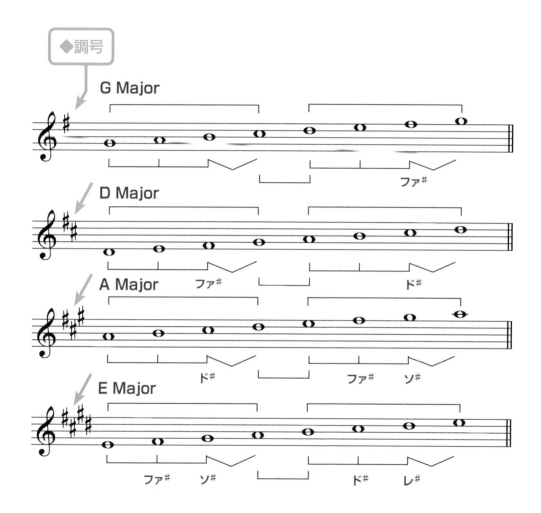

◆調号

G Major

ファ♯

D Major

A Major

ファ♯　　　　　　　　　　ド♯

ド♯　　　　　　　　ファ♯　　ソ♯

E Major

ファ♯　　ソ♯　　　　　　ド♯　　レ♯

① 「ト長調」と「ニ長調」の音階を確認しておこう TRACK 41

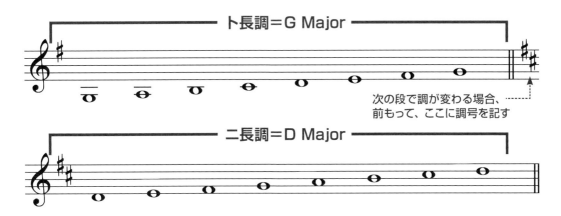

ト長調＝G Major

次の段で調が変わる場合、前もって、ここに調号を記す

ニ長調＝D Major

「ト長調」と「ニ長調」の音階（スケール）を上行で演奏してみます

音階（スケール）内に含まれる♯のつく音を含め、英語音名、ドイツ語音名、日本語音名でいえるように練習しましょう

② 「イ長調」と「ホ長調」の音階を確認しておこう TRACK 42

イ長調＝A Major

ホ長調＝E Major

「イ長調」と「ホ長調」の上行スケールを演奏してみます

音階（スケール）内に含まれる♯のつく音を含め、英語音名、ドイツ語音名、日本語音名でいえるように練習しましょう

 終わり

フラットがつく長音階を知ろう

キーワード 🔑━ ヘ長調、変ロ長調、変ホ長調、変イ長調

前項で、♯が４つまで調号で表される「調（キー）」を学びました。♯を用いる場合があるように、♭で表される「調」もあります。ここで見ていきましょう。

「ド」を後半の中心音にすると、「ヘ長調」になります

まず、「ハ長調＝C Major＝C dur」の前半、「ド」を「主音」とする長音階の「ドレミファ」を見てください。次に、この「ドレミファ」が長音階の後半となるものを考えます（つまり、後半の「中心音」が「ド」となります）。

すると、前半は、「ファ」を主音とする「ファソラシ♭」になります。この前半と後半の組み合わせが「ヘ長調＝F Major＝F dur」の音階です。

結果的には、主音が完全５度下にズレることになります。「ハ長調」の音の組み合わせと違っているのは、音階の４番目の音にフラットがつくところです。

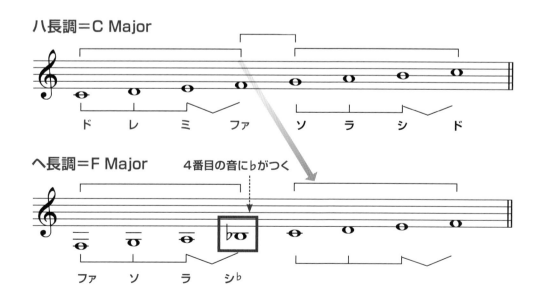

ハ長調＝C Major

ド　レ　ミ　ファ　ソ　ラ　シ　ド

ヘ長調＝F Major　　４番目の音に♭がつく

ファ　ソ　ラ　シ♭

第3章　音階と調（キー）を知ろう

前述の手順で主音をズラすと、主音は完全5度下の音になります。

そして、同じ手順を繰り返していくと、すべて音階の4番目の音に♭がついていきます。つまり、以下に示したようになるわけです。

- 「ヘ長調＝F Major＝F dur」の音階：♭が1つ
- 「変ロ長調＝B♭ Major＝B dur」の音階：♭が2つ（※）
- 「変ホ長調＝E♭ Major＝E♭ dur」の音階：♭が3つ（※）
- 「変イ長調＝A♭ Major＝A♭ dur」の音階：♭が4つ

※変ロ長調と変ホ長調は、五線の読みやすさの都合上、オクターブ上の主音から書き直しています

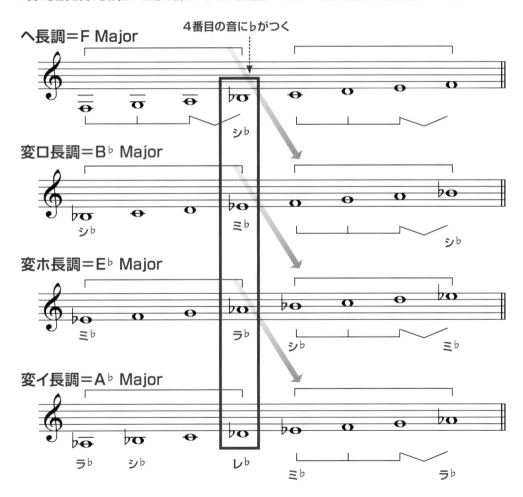

次のページに続く ▶▶▶

♭は五線譜の左端にまとめて記します

♯がつく「調（キー）」と同じように、
やはり、♭は「調号」として五線譜の音部記号の右側に記します。

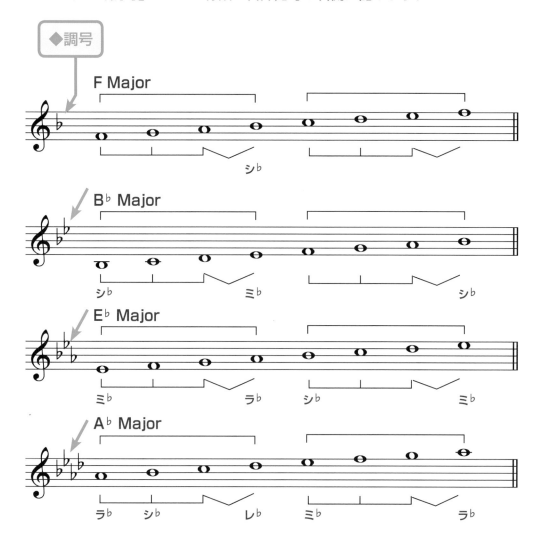

① 「ヘ長調」と「変ロ長調」の音階を確認しておこう

TRACK **43**

へ長調＝F Major

変ロ長調＝B♭ Major

「ヘ長調」と「変ロ長調」の音階を上行スケールで演奏してみます

音階（スケール）内に含まれる♭のつく音を含め、英語音名、ドイツ語音名、日本語音名でいえるように練習しましょう

② 「変ホ長調」と「変イ長調」の音階を確認しておこう

TRACK **44**

変ホ長調＝E♭ Major

変イ長調＝A♭ Major

「変ホ長調」と「変イ長調」の音階を上行スケールで演奏してみます

音階（スケール）内に含まれる♭のつく音を含め、英語音名、ドイツ語音名、日本語音名でいえるように練習しましょう

 終わり

シャープがつく短音階を知ろう

ここまで、4つまでの♯、あるいは4つまでの♭がつく「長調＝メジャー」と音階を見てきました。レッスン24で確認

したように、同じ音の組み合わせからなる「短調＝マイナー」もあります。ここでは、その確認をしましょう。

「♯の調号」の長音階の「平行調」を考えます

「ハ長調＝C Major」と「イ短調（自然的短音階）＝a minor（Natural minor）」は、表裏一体の関係にあります。この長調と短調のペアを「平行調」

「Relative Key（レラティブキー）」といいました。

もう少し厳密にいうと、次のような関係が成り立つわけです。

● 長音階の6番目の音を「主音」とする短音階
● 短音階の3番目の音を「主音」とする長音階

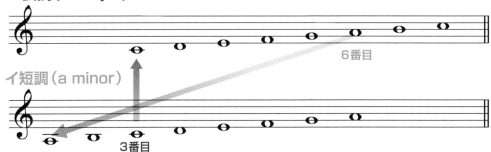

ハ長調（C Major）

6番目

イ短調（a minor）

3番目

ヒント ❶

短音階には3種類あったことを思い出してください。（自然的）短音階は、長音階の6番目を「主音」に並べ直したものです。

つまり、上で扱ったものは、自然的短音階となります。

和声的短音階と旋律的短音階については、102ページで説明します。

♯を使う短調を考えてみましょう

長調にならって、短調で♯を用いる「調（キー）」を考えてみましょう。長調と同様、♯を１つ加えるたびに、短調の主音も完全５度ずつ上にズレていきます。長調と違う点は、音階の２番目の音に♯がつくことです。

なお、それぞれの「調（キー）」と、使用する♯の数は次のようになります。

● 「ホ短調＝e minor＝e moll」の音階：♯が１つ

● 「ロ短調＝b minor＝h moll」の音階：♯が２つ

● 「嬰ヘ短調＝f♯ minor＝fis moll」の音階：♯が３つ

● 「嬰ハ短調＝c♯ minor＝cis moll」の音階：♯が４つ

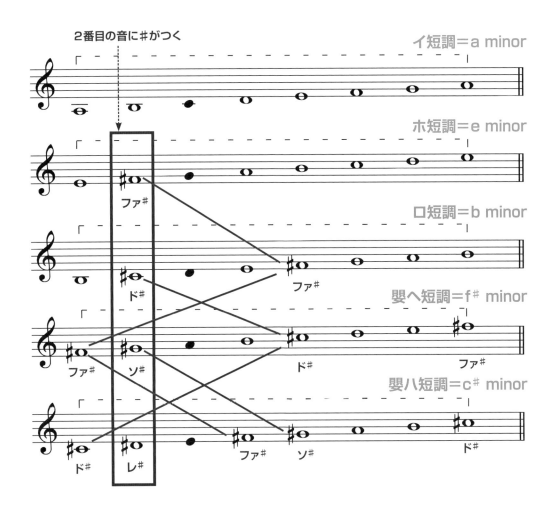

次のページに続く ▶▶▶

ホ短調、ロ短調、嬰ヘ短調、嬰ハ短調

長音階の平行調として、同じ「調号」で記します

　短調も、それぞれの「調（キー）」を「調号」を用いて表記します。
長音階と同じく、五線譜の音部記号の右側に♯を記します。

....

●和声的短音階、旋律的短音階への対応

　（自然的）短音階の7番目の音に♯を
つけると和声的短音階（①）、さらに、

6番目の音に♯をつけると旋律的短音
階（上行）になります（②）。

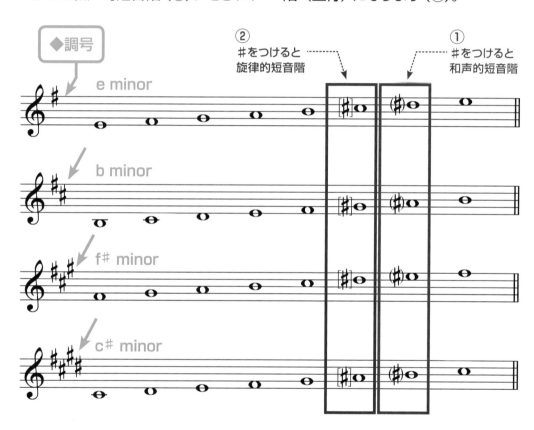

◆調号

② ♯をつけると
旋律的短音階

① ♯をつけると
和声的短音階

e minor

b minor

f♯ minor

c♯ minor

① 「ホ短調」と「ロ短調」を確認しておこう

TRACK 45

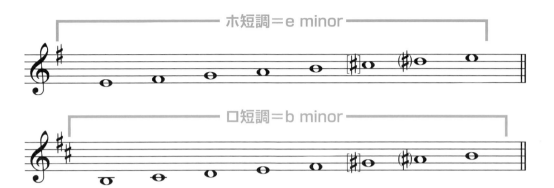

「ホ短調」と「ロ短調」の自然的短音階を上行スケールで演奏してみます

和声的短音階や旋律的短音階も合わせて練習しましょう

② 「嬰ヘ短調」と「嬰ハ短調」を確認しておこう

TRACK 46

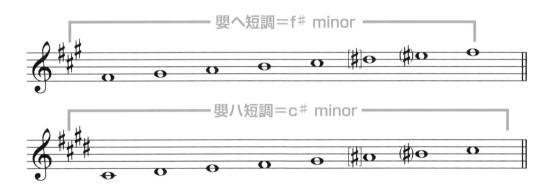

「嬰ヘ短調」と「嬰ハ短調」の自然的短音階を上行スケールで演奏してみます

和声的短音階や旋律的短音階も合わせて練習しましょう

 終わり

フラットがつく短音階を知ろう

前項で、4つまでの♯が付く「短調＝マイナー」を見てきました。ここでは、同じく4つまでの♭がつく短調も確認しておきましょう。

♭を使う短調を考えてみましょう

レッスン27で確認したように、♭の調号を持つ「長音階」の「平行調」も考えてみましょう。♭系は長音階の時と同じように、短調の主音が5度ずつ下にズレていきます。また、音階の6番目の音に♭がつきます。

なお、それぞれの「調（キー）」と、使用する♭の数は次のようになります。

● 「二短調＝d minor＝d moll」の音階：フラットが1つ
● 「ト短調＝g minor＝g moll」の音階：フラットが2つ
● 「ハ短調＝c minor＝c moll」の音階：フラットが3つ
● 「ヘ短調＝f minor＝f moll」の音階：フラットが4つ

※ト短調とヘ短調は、音の高さに注意してください。平行調の長調と比較して、オクターブ上の短調主音から書き直しています。

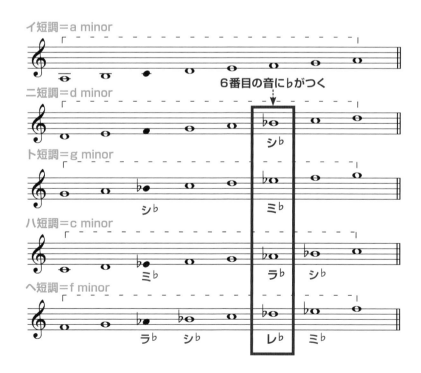

長音階の平行調として、同じ「調号」で記します

長音階の時と同じく、「調（キー）」によって「調号」を用いて表記します。長

音階のときと同じく、五線譜の音部記号の右端に♭を記します。

●和声的短音階、旋律的短音階への対応

（自然的）短音階の7番目の音に（♯）をつけると和声的短音階（①）、さらに、6番目の音を[♮]にすると旋律的短音階（上行）に変化します

（②）。

　ちなみに、♭系では6番目に♭を用いるので、6番目の音を半音上げるには♮が必要になります。

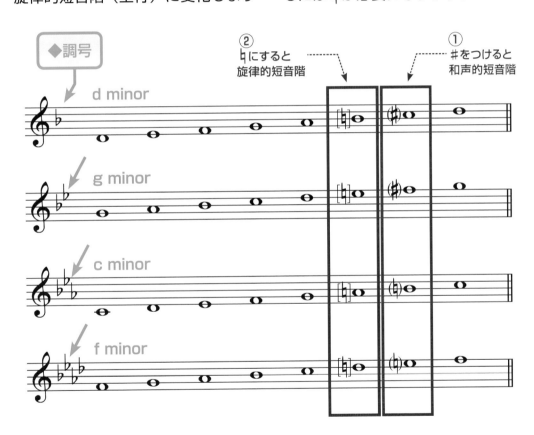

◆調号

② ♮にすると旋律的短音階

① ♯をつけると和声的短音階

d minor

g minor

c minor

f minor

次のページに続く ▶▶▶

① 「ニ短調」と「ト短調」を確認しておこう

TRACK 47

ニ短調＝d minor

ト短調＝g minor

> 「ニ短調」と「ト長調」の自然的短音階を上行スケールで演奏してみます

> 和声的短音階や旋律的短音階も合わせて練習しましょう

② 「ハ短調」と「ヘ短調」を確認しておこう

TRACK 48

ハ短調＝c minor

ヘ短調＝f minor

> 「ハ短調」と「ヘ短調」の自然的短音階を上行スケールで演奏してみます

> 和声的短音階や旋律的短音階も合わせて練習しましょう

 終わり

Q ダブルシャープとダブルフラットの キーも存在する?

A ほとんど見かけませんが、理論上は成立します

　単独の♯で「調(キー)」を想定すると、最大7つまでです。さらに8つ目の♯として、F𝄪を想定すると、G♯ Majorが成立します。ちなみにこれは、♭4つのA♭ Majorの異名同音調になります。

G♯ Major

　五度圏で考えれば、9つ目の♯として「C𝄪」の調号=D♯ Majorが考えられます。以下、A♯ Major、E♯ Major、B♯ Major、さらに、F𝄪 Major、C𝄪 Majorとなり、ここが𝄪7つの調号、つまりD Majorの異名同音調です。

C𝄪 Major

　同じように、8つ目の♭として、B♭♭を想定すると、F♭ Majorが成立します。これは、♯4つのE Majorの異名同音調になります。

　さらに、9つ目以降「E♭♭」の調号=B♭♭ Major、E♭♭ Major、A♭♭ Major、D♭♭ Major、G♭♭ Major、C♭♭ Majorとなります。C♭♭ Majorはダブルフラット7つの調号で、B♭ Majorの異名同音調です。

　♯𝄪(トリプルシャープ)や♭♭♭(トリプルフラット)というのも、理論上は成立します。

➡トリプルシャープ7つ:C♯𝄪 Major=E♭ Major

➡トリプルフラット7つ:C♭♭♭ Major=A Major となります。もはや、どーでもいいのですが…。

シャープとフラット、どちらでもよい長音階を知ろう

キーワード 🔑➔ 異名同音調

音階すべての音に♯や♭をつけられることを考えると、調号は最大7つまで想定されます。ここでは♯と♭、5つから7つ使用する「調（キー）」について考えてみます。なお、本項で紹介する「調（キー）」は、♯と♭をどちらを用いても表すことができます。この関係を「異名同音調」といいます。

第3章

音階と調（キー）を知ろう

♯が5つ以上の長音階も考え方は同じです

主音を完全5度上にズラしていくパターンで、♯を5つ以上用いる調号を見ていきましょう。

♯は、最大7つまで考えられます。この♯が7つの調号は、音階すべての音に♯がつけられた状況です。つまり、ハ長調＝C Majorが、そのまま半音上にズレて、嬰ハ長調＝C♯ Majorになります。

以下に♯を5個〜7個使用する調（キー）をまとめておきます。また、それぞれの音階の7番目の音に♯がついている点にも注目しましょう。

● 「ロ長調＝B Major＝H dur」の音階：♯が5つ
● 「嬰ヘ長調＝F♯ Major＝Fis dur」の音階：♯が6つ
● 「嬰ハ長調＝C♯ Major＝Cis dur」の音階：♯が7つ

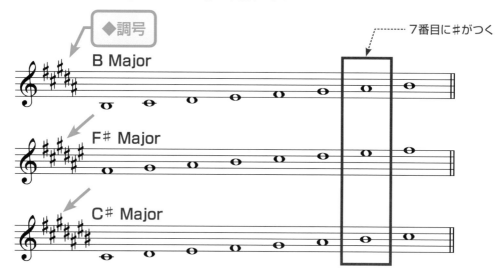

◆調号

7番目に♯がつく

B Major

F♯ Major

C♯ Major

♭が5つ以上の長音階も考え方は同じです

♭を用いる調号も、同じように、5つ以上、最大7つまで考えられます。

主音を完全5度下にズラしていくパターンで、♭が7つの調号は、音階すべての音に♭がつけられた状況です。つまり、ハ長調＝C Majorが、そのまま半音下にズレて変ハ長調＝C♭ Majorになります。

以下に♭を5個〜7個使用する調（キー）をまとめておきます。また、それぞれの音階の4番目の音に♭がついている点にも注目です。

● 「ニ長調＝D♭ Major＝Des dur」の音階：♭が5つ
● 「変ト長調＝G♭ Major＝Ges dur」の音階：♭が6つ
● 「変ハ長調＝C♭ Major＝Ces dur」の音階：♭が7つ

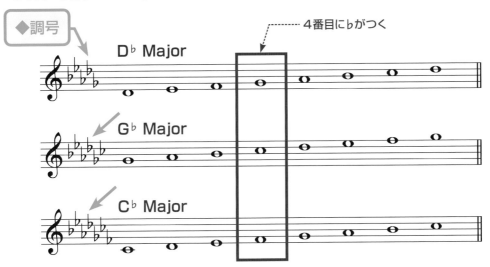

◆調号

D♭ Major

G♭ Major

C♭ Major

4番目に♭がつく

♯、♭のどちらでも表記可能の調を「異名同音調」といいます

♯、あるいは♭を5つ〜7つ使用する調号は、それぞれ「異名同音調」の関係となります。「異名同音調」とは、♯か♭のどちらでも表記できる調（キー）のことです。つまり、主音をはじめとする音階の音が、「異名同音」の関係にあります。具体的には次の関係です。

● ♯が5つの「ロ長調＝B Major＝H dur」＝♭が7つの「変ハ長調＝C♭ Major＝Ces dur」
● ♯が6つの「嬰ヘ長調＝F♯ Major＝Fis dur」＝♭が6つの「変ト長調＝G♭ Major＝Ges dur」
● ♯が7つの「嬰ハ長調＝C♯ Major＝Cis dur」＝♭が5つの「変ニ長調＝D♭ Major＝Des dur」

次のページに続く ▶▶▶

　「異名同音調」は、もちろん楽典上、どちらも使用できます。しかし、実際の使用は調号の数が少ない方、あるいはポピュラー系のジャンルでは、♯系の表記

が選ばれることが多いようです。これは「コードネーム」の表記と関係があります（クラシックはこの限りではありません）。

① 「ロ長調」と「嬰ヘ長調」、「嬰ハ長調」を確認しておこう

TRACK **49**

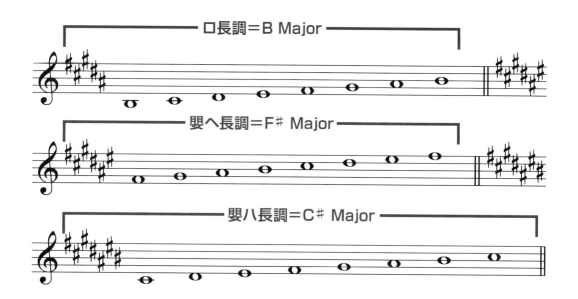

「ロ長調＝B Major」
「嬰ヘ長調＝F♯ Major」
「嬰ハ長調＝C♯ Major」

「ロ長調」、「嬰ヘ長調」、「嬰ハ長調」を上行スケールで演奏してみます

スケール内に含まれる♯のつく音を含め、英語音名、ドイツ語音名、日本語音名でいえるように練習しましょう

② 「変ニ長調」と「変ト長調」、「変ハ長調」を確認しておこう TRACK 50

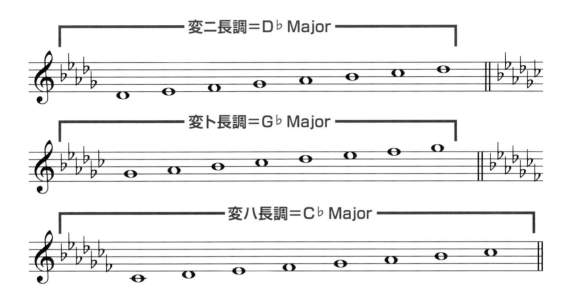

変ニ長調＝D♭ Major

変ト長調＝G♭ Major

変ハ長調＝C♭ Major

「変ニ長調」、「変ト長調」、「変ハ長調」を上行スケールで演奏してみます

スケール内に含まれる♭のつく音を含め、英語音名、ドイツ語音名、日本語音名でいえるように練習しましょう

🏁 終わり

シャープとフラット、どちらでもよい短音階を知ろう

♯、あるいは♭を5つ、6つ、7つ使用する「調（キー）」。これらは、それぞれ「異名同音調」の関係にあることを学びました。ここでは、さらに「平行調」にあたる短調についても、まとめておきましょう。

♯が5つ以上の短音階も考え方は同じです

調号に♯が増えても、長調と短調の「平行調」の関係は変わりありません。つまり、長音階の6番目の音を短調の「主音」として並べ直したものが、同じ調号をもつ（自然的）短音階になるという関係です。ここでも短調の主音が完全5度ずつ上にズレると、そのたびに音階の2番目の音に♯が増えていきます。

なお、それぞれの短調と♯の数をまとめると、次のようになります。

- 「嬰ト短調＝g♯ minor＝gis moll」の音階：♯が5つ
- 「嬰ニ短調＝d♯ minor＝dis moll」の音階：♯が6つ
- 「嬰イ短調＝a♯ minor＝ais moll」の音階：♯が7つ

以下「調号」を用いて音階を示していますが、音階の2番目の音に♯がつく点に注目。また、音階の7番目の（✖）は和声的短音階、さらに、6番目の[♯]あるいは[✖]を用いると旋律的短音階に変化します。

◆調号

g♯ minor ┈┈ 2番目に♯がつく

d♯ minor

a♯ minor

♭が5つ以上の短音階も考え方は同じです

♭を用いる調号も、同じように平行調を考えていきます。

主音を完全5度ずつ下にズラすと、その度に音階の6番目の音に♭が増えていきます。そして、それぞれの調号と♭の数は、次のようになります。

● 「変ロ短調＝b♭ minor＝b moll」の音階：♭が5つ
● 「変ホ短調＝e♭ minor＝es moll」の音階：♭が6つ
● 「変イ短調＝a♭ minor＝as moll」の音階：♭が7つ

以下で♭を用いた調号で音階を示していますが、自然的短音階の状態で6番目の音に♭がつく点に注目。また、音階の7番目の（♮）は和声的短音階、さらに、6番目の[♮]を用いると旋律的短音階（上行）に変化します。

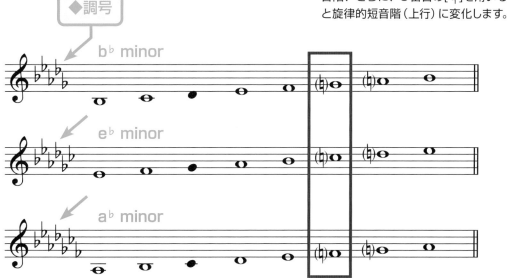

♯、♭のどちらでも表記可能の調を「異名同音調」といいます

短調でも長調と同様に、♯、あるいは♭を5つ～7つ使用する調号は、それぞれ「異名同音調」となります。

つまり、主音をはじめとする音階の音が「異名同音」の関係にあります。具体的には次の関係です。

● ♯5つの「嬰ト短調＝g♯ minor＝gis moll」＝♭が7つの「変イ短調＝a♭ minor＝as moll」
● ♯が6つの「嬰ニ短調＝d♯ minor＝dis moll」＝♭が6つの「変ホ短調＝e♭ minor＝es moll」
● ♯が7つの「嬰イ短調＝a♯ minor＝ais moll」＝♭が5つの「変ロ短調＝b♭ minor＝b moll」

次のページに続く ▶▶▶

　短調の異名同音調も、どちらも使用できます。しかし、実際の使用では、調号の数が少ない方、あるいはポピュラー系では、♯系の表記が選ばれることが多いようです。ただし、変ロ短調＝b♭ minor は、コードネームがそれほど複雑にならないので、こちらが重宝されるでしょう（クラシックはこの限りではありません）。

① 「嬰ト短調」と「嬰ニ短調」、「嬰イ短調」を確認しておこう

TRACK 51

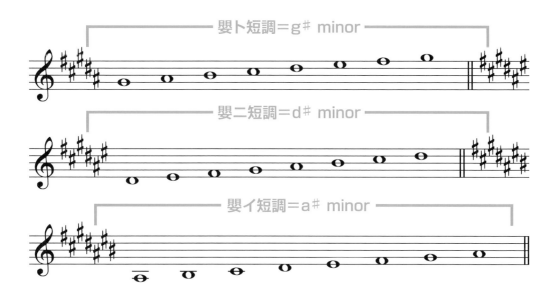

嬰ト短調＝g♯ minor

嬰ニ短調＝d♯ minor

嬰イ短調＝a♯ minor

「嬰ト短調」と「嬰ニ短調」、「嬰イ短調」の自然的短音階を上行スケールで演奏してみます

スケール内に含まれる♯のつく音を含め、英語音名、ドイツ語音名、日本語音名でいえるように練習しましょう

第3章　音階と調（キー）を知ろう

② 「変ロ短調」と「変ホ短調」、「変イ短調」を確認しておこう

TRACK **52**

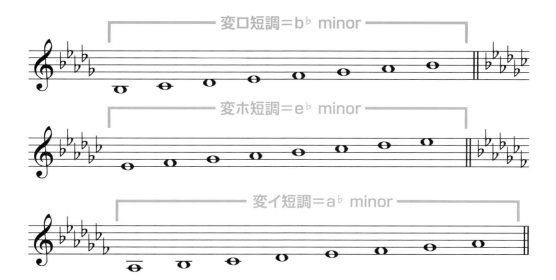

変ロ短調＝b♭ minor

変ホ短調＝e♭ minor

変イ短調＝a♭ minor

「変ロ短調」と「変ホ短調」、「変イ短調」の自然的短音階を上行スケールで演奏してみます

スケール内に含まれる♭のつく音を含め、英語音名、ドイツ語音名、日本語音名でいえるように練習しましょう

終わり

お互いの調の相性について知ろう

長調、短調の「調（キー）」の全種類を見てきました。音の高さにも「音程」という相性がありましたが、音の組み合わせセットである「調」の間にも、相性が考えられます。ここで見ていきましょう。

特に相性のよい「調」を「近親調」といいます

「調（キー）」の相性がよいというのは、成分が似ている＝構成音が近いといえます。これを「近親調（きんしんちょう）」と呼びます。通常は、後述の3つのタイプ、4つのキーが「近親調」とされます。次の項目でそれらを見ていきましょう。

平行調の確認です

「平行調（レラティブキー）」は、すでにレッスン24で取り上げましたね。例えば、「ハ長調（C Major）とイ短調（a minor）」です（譜面参照）。他には「ト長調（G Major）とホ短調（e minor）」となります。

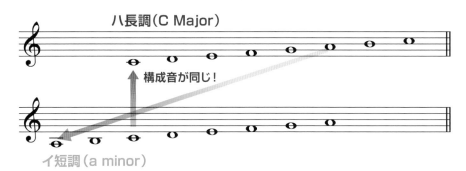

ハ長調（C Major）

構成音が同じ！

イ短調（a minor）

「調号」でいえば、同じ調号の「長調」と「短調」が「平行調」の関係となります。もちろん、主音は違いますが、どちらも音階の構成音はまったく同じです。自分と同じ要素を持ちつつも、性別の異なる双子のようなイメージです。

属調と下属調の確認です

じつは、これらの仕組みもレッスン25と26で触れています。音階の4つの音の組み合わせを上にズラして、主音を完全5度上げたキーを「属調（ドミナントキー）」。そして完全5度下げたキーを「下属調（サブドミナントキー）」といいます。

例えば、「ハ長調（C Major）」の「属調（ドミナントキー）」は、「ト長調（G Major）」です。同じく、「ハ長調（C Major）」の「下属調（サブドミナントキー）」は、「ヘ長調（F Major）」となります。

「調号（キー）」でいえば、♯や♭が、ひとつずつ増えたり減ったりする関係性となります。そして、音階の構成音は、その♯や♭がついた1つの音以外、6つの音が共通音になります。

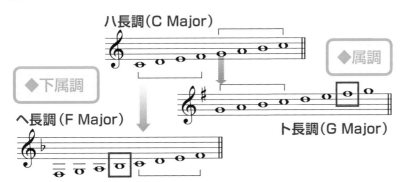

「属調（ドミナントキー）」、下属調（サブドミナントキー）」ともに、それぞれの音階の半分の要素を引継いでいるので、自分と両親のようなイメージです。

同主調の確認です

同じ「主音」をもつ、長調と短調の関係を「同主調（パラレルキー）」といいます。例えば「ハ長調（C Major）とハ短調（c minor）」や、「ヘ長調（F Major）とヘ短調（f minor）」です。

「調号」でいえば、♭が3つ増える（元が♯系の調ならば、その分差し引きされる）関係になります。音階の構成音は、その♭がついた3つ以外の4つの音が共通音になります。

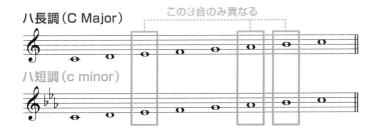

主音は同じなので、自分の長所や短所の両面といったイメージです。もちろん、音楽的に短調が短所とは限りませんが…。

次のページに続く ▶▶▶

「近親調」を拡大して考えることもできます

一般的に、このような4つの「調（キー）」までが「近親調」とされます。しかし、これを拡張したものも「近親調」と見なされることもあります。

具体的には、「属調（ドミナントキー）」の「平行調（レラティブキー）」や「同主調（パラレルキー）」です（楽譜の右側）。あるいは下属調（サブドミナントキー）」の平行調（レラティブキー）」や「同主調（パラレルキー）」となります（楽譜の左側）。

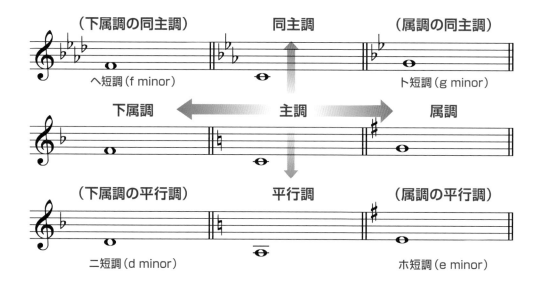

（下属調の同主調）　　　同主調　　　（属調の同主調）

ヘ短調（f minor）　　　　　　　　　　　　ト短調（g minor）

下属調　　　←　　　主調　　　→　　　属調

（下属調の平行調）　　　平行調　　　（属調の平行調）

二短調（d minor）　　　　　　　　　　　　ホ短調（e minor）

遠い関係にあるものを「遠隔調」といいます

「遠隔調」の中でも、基準となる調からの「距離感」はいろいろあります。それには、調号の数を考えるとわかりやすいです。そこで、最も遠い関係にある調を考えてみましょう。

「ハ長調（C Major）」から最も遠い関係は「ロ長調（B Major）」、「嬰ヘ長調（F♯ Major）」、「嬰ハ長調（C♯ Major）」で、調号に♯を5～6つ使用する異名同音調でもあります。また、どれも「ハ長調（C Major）」との共通音が2つだけという関係になります。

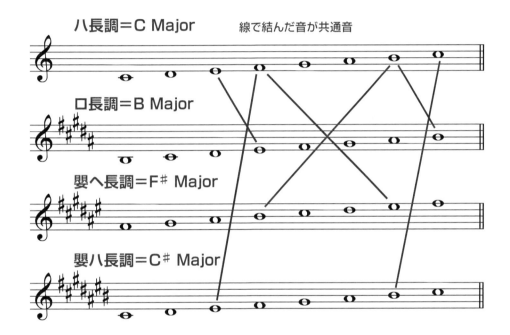

ハ長調＝C Major　　線で結んだ音が共通音

ロ長調＝B Major

嬰ヘ長調＝F♯ Major

嬰ハ長調＝C♯ Major

曲の途中で調が変わる時の関係性についてです

曲の中で、「調（キー）」が変わることを「転調」といいます。それは曲の一部分だけであったり、途中から最後までであったりといろいろです。

しかし、どの「調（キー）」に転じるかは、この相性が関係します。つまり、近親調はスムーズに移行できるということです。また、「遠隔調」が必ずしも悪いわけではありません。インパクトを演出する使い方では有効です。

 終わり

レッスン 32 調号と調の法則を早見表で確認しよう

ここまでで、長調、短調、すべての音を主音とする音階を見てきました。

最後に、これら法則について学びましょう。これらを知っておけば、丸暗記しなくてもすむ便利な考え方です。

「調」の早見表「五度圏」の確認です

ここまでで、すべての「調（キー）」を見てきました。調号なしの「調（キー）」、♯、♭を1つ〜7つ使う「調（キー）」を合わせると、長調は15個あることがわかりました。ただし、このうち3つは「異名同音調」です。つまり、1オクターブ内にある半音すべての音を主音とした「調（キー）」は12個となります。ここでは、これらの法則性を確認していきましょう。

● 「調」の早見表「五度圏」を活用

この12個の「調（キー）」を、アナログ時計の文字盤に当てはめて、まとめた早見表があります。主音が完全5度ズレていくキーの関係を示したものなので、これを「五度圏」、英語で「Circle of fifths（サークルオブフィフス）」といいます。

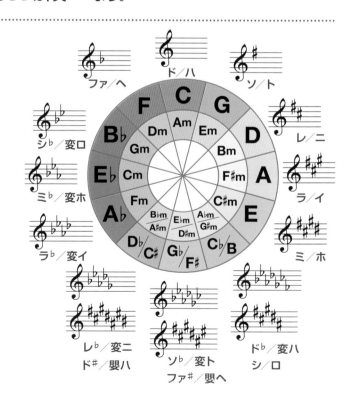

早見表の性質を確認します

●早見表を右回りすると・・・

➡ 主音が5度上にズレていく

➡ 調号に♯が1つずつ増える

●早見表を左回りすると・・・

➡ 主音が5度下にズレていく

➡ 調号に♭が1つずつ増える

●「近親調」を考える場合

➡ 「属調（ドミナントキー）」: 右隣のキー

➡ 「下属調（サブドミナントキー）」: 左隣のキー

➡ 「遠隔調」: 対角線上と、その周辺のキー

➡ 「平行調」: 長調の主音から「短3度下」の短調

♯がつく調号の考え方です

●調号の♯がつく順番

➡ 1つ目は、「ファ」に♯がつきます

➡ 2つ目は「ド」に♯がつきます

➡ 3つ目は「ソ」に♯がつきます

➡ 以降、右回りで♯が増えます

●五線譜で♯系の調の確認

　♯を3個使用するイ長調（A Major）を五線譜で確認しましょう。

　3個目の♯は、ソ♯（G♯）を示しています。そして、ソ♯（G♯）の「短2度上」はラ（A）で、これが主音となります。つまり、右端の♯がついた音の「短2度上」が「主音」になり、他の「調（キー）」も同様に考えられます。

短2度上が主音

●早見表の2マス右隣が調の主音

　1つ目の♯が「ファ（F）」についた時の「調（キー）」はト長調（G Major）です。早見表の「F」の文字の2マス右隣の「G」が、「調（キー）」の主音になります。同様に、早見表の♯系調号の右端の音名から2マス右隣が調の主音になるわけです。

➡ 調号の♯がつく音名　　　図の矢印の先が調の主音

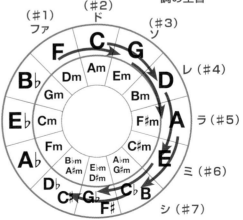

次のページに続く ▶▶▶

♭がつく調号の考え方です

●調号の♭が付く順番

♭を用いる「調号（キー）」で、どの音に♭がつくかを早見表で確認する方法を見ていきましょう。♯のつく場合と逆回りになっている点に注目してください。

➡ 1つ目は、「シ」に♭がつきます
➡ 2つ目は、「ミ」に♭がつきます
➡ 3つ目は、「ラ」に♭がつきます
➡ このように、左回りに♭がついていきます

●五線譜で♭系の調の確認

例えば、♭を4つ使用する変イ長調（A♭ Major）を五線譜で確認していきましょう。4個目の♭は、レ♭（D♭）を示しています。そして、レ♭（D♭）の「完全4度下」はラ♭（A♭）で、これが主音となります。

つまり、右端の♭がついた音の「完全4度下」が「主音」になり、他の「調（キー）」も同様に考えられます。

●早見表の対角の音が調の主音

例えば、1つ目の♭が「シ（B♭）」についた時の「調（キー）」は、ヘ長調（F Major）です。つまり、早見表の♭系調号の右端の音名の対角線上が、「調（キー）」の主音になるわけです。

➡ 調号の♭がつく音名

図の矢印の先が調の主音

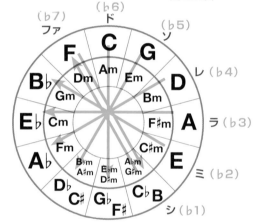

完全4度が主音

臨時記号の配置の確認です

♯や♭といった臨時記号は、五線内に収まるようにジグザグに書いていきます。

第3章 音階と調（キー）を知ろう

このコーナーのポイントの「まとめ」です

● 調号の一番はじめにつく臨時記号は、♯は「ファ」、♭は「シ」となります
　→語呂合わせ：はじめは節（フシ）回し
● 調号の♯は完全5度上、♭は完全5度下に増えていきます
● 五線譜にある調号の右端の♯の短2度上が主音、つまり「調（キー）」になります
● 五線譜にある調号の右端の♭の完全4度下が主音、つまり「調（キー）」になります

早見表を語呂合わせで覚えましょう

ここで早見表の覚え方を紹介しておきます。強引で無理やりな感もありますが、ロマンティックな奇跡の出逢いを想定して覚えてください。

● 語呂合わせ：ここで五度逢えば、また、ふらっと五度逢えば、フフッ♪

ちなみに、コード（和音）をアルファベットや数字の文字で表したものを「コードネーム」といいます。「コードネーム」を理解するためにも、早見表の英語の音名や「調（キー）」把握していくと便利です。

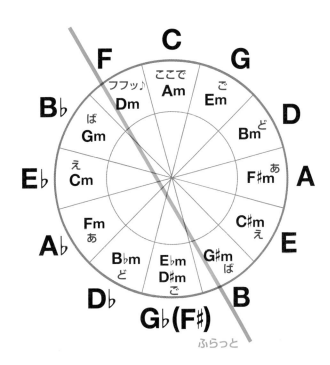

次のページに続く ▶▶▶

① 音名／音程／調、まとめの問題に挑戦してみよう

a) ハ長調の音名は「ド・レ・ミ・ファ・□・□・シ・ド」

b) ハ長調の平行調は、□短調

c) 調号♯5つの長調は、□長調

d) ハ長調の属調は、□長調

e) 調号♯2つの短調の主音は、イタリア音名の「□」で、日本語で□短調

f) イ長調の同主調の音名は「□・□・ハ・ニ・ホ・ヘ・ト」

g) AとEの転回音程は、完全□度

h) 調号♭1つの短調は、□ moll

i) 「ソ」の短3度下は、イタリア音名で「□」

j) 調号♭7つの異名同音調は、□長調

□に当てはまる文字をつなげると文章になります、指示に従ってみましょう（ヒントと答えはP127にあります）

クセガツコイノシカタナイ

終わり

第4章

コードの基本を知ろう

複数の音を同時に鳴らしたものを「コード（和音）」といいます。ここで、「コード（和音）」を構成する音の組み合わせについて学んでいきましょう。覚えることが多いので難しく感じるかもしれませんが、何度か読み返していくうちに、仕組みを理解することができます。

この章の内容

長音階の3つの音で
コードを作ってみよう

キーワード 🔑 三和音、トライアド

第3章では音階（スケール）と調（キー）について学んできました。

第4章は、いよいよ「コード（和音）」についての解説となります。まずは、「コード」の基本的な考え方から見ていきましょう。

基準となるコードは、3つの音を3度で重ねた構造です

2つ以上の高さの音が同時に響く状態を「コード（和音）」といいます。

ここで、心地よい響き、相性のよい音程の組み合わせを考えてみましょう。まずは、2章で学んだ倍音列を思い出してください。基音から第6倍音までの音をシンプルな形にまとめると、3種類の音を3度で重ねたものになります。

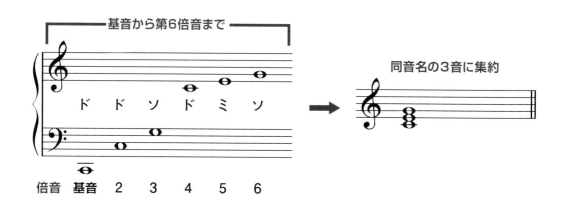

3つの音を重ねた三和音のことを「トライアド」といいます。

第4章

コードの基本を知ろう

長音階で「三和音」を構成してみます

長音階上の７つの音に対して、同じように３つの音を３度で重ねたものが、その調（キー）で多用されるコード（和音）のセットです。ここでいう３度は、音階でひとつ飛ばしの音と考えてもよいでしょう。

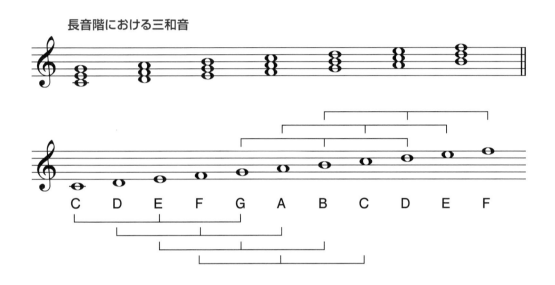

長音階における三和音

「固有和音＝ダイアトニックコード」の意味の確認です

７音音階のことを「ダイアトニックスケール」といいました。この音階の音で構成されるコード（和音）を「固有和音」、英語では「ダイアトニックコード」といいます。

本書では、以降の項目で「ダイアトニックコード」という名称を軸に解説します。

ヒント❗

P124の問題を解くと「ソライロトシロイロ4Dミロ（空色と白色、読んでみろ）」となります。さあ、P124の青枠で指示に従ってみよう!

次のページに続く▶▶▶

「三和音＝トライアド」の構成音の確認です

「三和音（トライアド）」を構成している3つの音の名称は、次のようになります。

● 基準となる最低音：「根音（こんおん）」、英語で「Root（ルート）」
● 3度の音程にあたる真ん中の音：「第3音」、英語で「3rd」
● 5度の音程にあたる上の音：「第5音」、英語で「5th」

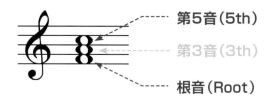

第5音（5th）

第3音（3rd）

根音（Root）

詳しくは次のレッスン34で確認しますが、この第3音や第5音の音程の長短、増減の組み合わせパターンがあります。

そして、それがコード（和音）の響きを決定しています。

1 長音階の「ダイアトニックコード」を確認しよう

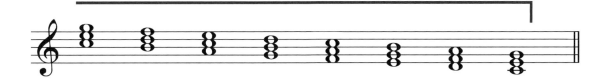

「C Major」のダイアトニックコード（固有和音）を演奏してみます

それぞれの「コード（和音）」の響きのタイプを感じてみましょう

2 長音階の「ダイアトニックコード」をズラして演奏してみよう

「C Major」のダイアトニックコード（固有和音）を、ひとつずつタイミングをズラして演奏してみます（これを「分散和音」といいます）

同時ではなく、コードを「分散和音」として感じてみます

 終わり

短音階の３つの音で コードを作ってみよう

前項で、長音階（メジャースケール）上に構成される「三和音（トライアド）」について確認しました。同じように、短音階（マイナースケール）でも「三和音（トライアド）」が構成されます。ここでまとめてみましょう。

自然的短音階で「三和音」を構成してみます

長音階のときと同じ考え方で、短音階でも「三和音（トライアド）」を構成してみます。

短音階は3種類ありますが、ここでは、

まずはイ短調（a minor）の自然的短音階（ナチュラルマイナー）から見ていきましょう。

自然的短音階における三和音

　レッスン23で学んだように、短音階には、和声的短音階（ハーモニックマイナー）と、旋律的短音階（メロディック

マイナー）があります。これら2種類の音階で、同じように「三和音（トライアド）」を構成してみましょう。

自然的短音階における三和音

旋律的短音階における三和音

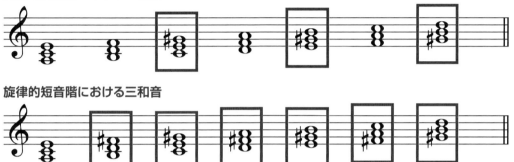

●自然的短音階に含まれないコード

　次に、自然的短音階（ナチュラルマイナー）には含まれない音を確認しましょう。

　和声的短音階（ハーモニックマイナー）はスケールの 7番目の音

が、旋律的短音階（メロディックマイナー）は6番目と7番目が自然的短音階と異なります。よって、自然的短音階と含まれないコード（和音）は、次のようになります。

● 和声的短音階（ハーモニックマイナー）：赤で括られた「コード」
● 旋律的短音階（メロディックマイナー）：さらに青で括られた「コード」

　ちなみに、旋律的短音階（メロディックマイナー）上の「ダイアトニックコード（固有和音）」で、自然的短音階（ナ

チュラルマイナー）と同一のコードは、音階上の1番目にできる「主和音」だけです。

次のページに続く ▶▶▶

3つの主要コードの呼び方の確認をします

音階の1番目、4番目、5番目の「コード（和音）」には、それぞれ肩書きのような名前がついています。その確認をしましょう。

レッスン31で扱った「近親調」の「属調」と「下属調」の関係と同じで、スケール内の「コード」にも同じような呼び方が適用されます。

● 1番目の「コード（和音）」：「主和音」、英語で「トニック」
● 4番目の「コード（和音）」：「下属和音」、英語で「サブドミナント」
● 5番目の「コード（和音）」：「属和音」、英語で「ドミナント」

ヒント

ここで和声的短音階（ハーモニックマイナー）の「属和音」を確認してみましょう。音階の7番目が半音上げられたことで、「属和音」に「導音（リーディングトーン）」が含まれることになります。

詳しく話すと音楽理論の領域になるので省きますが、簡単にいうと、短調では「導音」を含む「属和音」が重要となる場面があります。これが、この音階の存在理由でもあります。

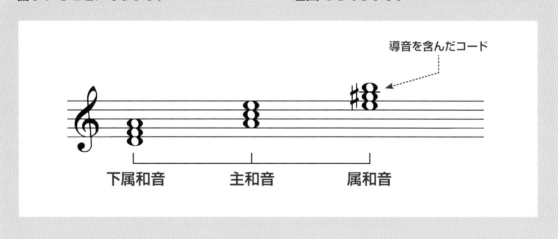

導音を含んだコード

下属和音　　　　主和音　　　　属和音

1 自然的短音階の「ダイアトニックコード」を確認しよう

TRACK 55

自然的短音階のダイアトニックコード

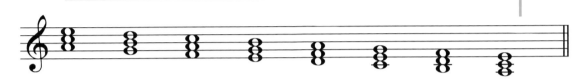

「a minor」における自然的短音階（ナチュラルマイナー）の「ダイアトニックコード（固有和音）」を演奏してみます

それぞれの「コード（和音）」のタイプを感じてみましょう

2 短音階のバリエーションで「ダイアトニックコード」を確認しよう

TRACK 56

和声的短音階のダイアトニックコード

旋律的短音階のダイアトニックコード

「a minor」のハーモニックマイナー、さらにメロディックマイナー上の「ダイアトニックコード（固有和音）」を演奏してみます

こちらも、それぞれの「コード（和音）」のタイプを感じてみましょう

 終わり

3つの音で作るコードを、響きのタイプで分類しよう

キーワード ○━π 長三和音、短三和音、増三和音、減三和音

ここまでで、長音階（メジャースケール）と、短音階（マイナースケール）上にできる「コード（和音）」＝「ダイアトニックコード（固有和音）」を学びました。次は、いよいよ「コード（和音）」のタイプ（種類）を分類しましょう。さらに、後述するコードネームと呼ばれる方法で表す方法をマスターしていきます。

「三和音」の種類は、4タイプです

3つの音からなる「三和音（トライアド）」は、根音（ルート）と第3音（3rd）の音程と、第3音と第5音（5th）の音程、つまり「3度＋3度」の組み合わせになります。3度には「長3度」と「短3度」があるので、合計4つの組み合わせになることがわかります。

●ハ長調とイ短調のダイアトニックコード

次ページの譜面を見てください。これは、ハ長調（C Major）とイ短調（a minorの和声的／旋律的短音階）のダイアトニックコードを 4つのタイプに分類したものです。同じ色の枠（赤枠、青枠、緑枠、橙枠）は、それぞれ同じタイプのコード（和音）になっています。なお、4種類の色と「3度＋3度」の組み合わせは次の通りです。

- ● 赤枠：長3度＋短3度
- ● 青枠：短3度＋長3度
- ● 緑枠：短3度＋短3度
- ● 橙枠：長3度＋長3度

譜面に示した「コード（和音）」は、正月の鏡餅をイメージしています。根音（ルート）と長3度／短3度は、次のようにとらえてください。

なお、根音（ルート）がオタマジャクシではなく横長の長方形になっていたり、「大餅」と「小餅」の差がわかりづらいかもしれませんが、以降の項目にも活用しますので、ひととおり目をとおしてください。

● 根音（ルート）：土台（三宝）
● 長3度：大餅
● 短3度：小餅

ちなみに、自然的短音階（ナチュラルマイナー）の「ダイアトニックコード（固有和音）」は、ハ長調とまったく同じ組み合わせになるので、ここでは省略しています（「ラ」を根音とする主和音を1番目にするだけです）。

八長調＝C Major

イ短調＝a minor
和声的短音階＝Natural minor

旋律的短音階＝Melodic minor

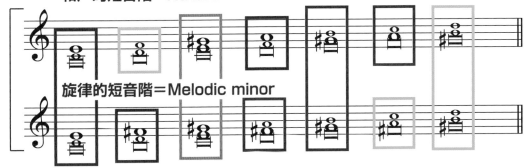

次のページに続く ▶▶▶

4タイプのコードを分類しましょう

前ページで4種類に色分けした「コード（和音）」の名称や特徴を、ここで確認していきます。

●1：長三和音（メジャーコード）＝長3度＋短3度

土台の根音（ルート）に、大餅＋小餅が乗った、たいへん安定感のある響きのハーモニーです。

根音（ルート）と第5音の音程は「完全5度（P5）」になります。

●2：短三和音（マイナーコード）＝短3度＋長3度

土台の上に、小餅＋大餅が乗った、ちょっと不安定な響きのするハーモニーです。

根音（ルート）と第5音の音程は「完全5度（P5）」になります。

●3：減三和音（ディミニッシュコード）＝短3度＋短3度

土台の上に、小餅が2つ乗った、目立ちにくい地味な響きのハーモニーです。長三和音と短三和音に比べて、

小餅2つのため、全体の高さが低くなります。つまりルートと第5音の音程は、「減5度（dim5）」になります。

●4：増三和音（オーギュメントコード）＝長3度＋長3度

土台の上に、大餅が2つ乗った、開放的で、ぼやっとした響きのするハーモニーです。長三和音と短三和音に比べて、大餅2つのため、全体

の高さが高くなります。

つまりルートと第5音の音程は、「増5度（Aug5）」になります。

1）長三和音　　2）短三和音　　3）減三和音　　4）増三和音

「コード（和音）」は五線譜だけでなく、アルファベットを中心とした文字でも表すことができます。それが、「コードネーム」です。

●コードネームの書き方

「コードネーム」は「土台になる音名＋響きの種類」で表現します。以下で、ルート（根音）を「C」として、そこに 4つのタイプを書き表すルールを見ていきましょう。

1) C＝Cメジャーコード

「C (Major)」の (Major) を省略して、ルート音「C」だけで 表記します。

2) Cm＝Cマイナーコード

「C (minor)」の (minor) の「m」をルート音「C」と組み合わせ、「Cm」と表記します。

3) Cm^{-5}＝Cディミニッシュコード

根音（ルート）と第3音は短3度のマイナーなので「Cm」。さらに、ルートと第5音が、減5度になっているので「半音低い」意味の「-5」と右肩につけます。
これらを合わせて、「Cm^{-5}」と表記します。

4) C^{+5}＝Cオーギュメントコード

根音（ルートと第3音は長3度のメジャーなので「C」。さらに、ルートと第5音が、増5度になっているので「半音高い」意味の「+5」と右肩につけます。
これらを合わせて、「C^{+5}」と表記します。

次のページに続く ▶▶▶

ヒント

「コードネーム」の表記は、さまざまなバリエーションがあります。例えば、前ページの3）と4）。「-5」や「+5」の代わりに「♭5」や「♯5」を使い、「Cm⁽♭5⁾」や「C⁽♯5⁾」と表記することもあります。また、そのままdimやaugを使って、「Cdim」や「Caug」と表記することもあります。

ダイアトニックコードをコードネームで表記してみます

ハ長調（C Major）とイ短調（a minorの和声的／旋律的短音階）の「ダイアトニックコード（固有和音）」をコードネームで表記すると、次のようになります。

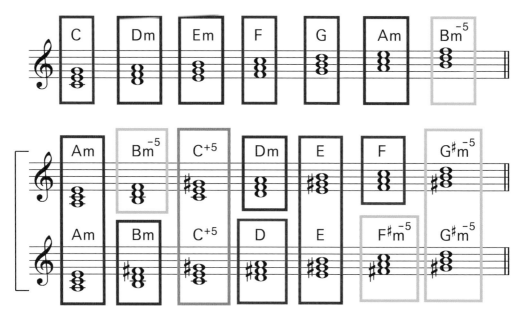

なお、ここでも自然的短音階（ナチュラルマイナー）の「ダイアトニックコード」とコードネームは省略しています。

ヒント

右ページの譜例は「ダイアトニックコード（固有和音）」の連続ではないので、調（キー）は感じられません。和音が主音となる調が連続している……つまり転調を繰り返しているように聴こえるはずです。実際の楽曲では、このような譜例は不自然ですが、コードの構成音やタイプを把握する練習には便利です。

① 「メジャーコード」と「マイナーコード」を確認しよう

「C Major」スケールの各音を根音（ルート）とし、その上にメジャーコードとマイナーコードを構成して演奏してみます

それぞれの「コード（和音）」の響きのタイプを感じてみましょう

長三和音、短三和音、増三和音、減三和音

② 「ディミニッシュコード」と「オーギュメントコード」を確認しよう

「C Major」スケールの各音を根音（ルート）とし、その上にディミニッシュコードとオーギュメントコードを構成して演奏してみます

それぞれのコード（和音）の響きのタイプを感じてみましょう

 終わり

長音階の３音コードの タイプをまとめておこう

キーワード ⊖━π 主要三和音、副三和音

前章で「三和音（トライアド）」の４つの響きのタイプと、コードネームの表しかたを見てきました。理解しやすいように「ハ長調＝C Major」と、その平行調「イ短調＝a minor」のスケールで考えてきましたが、別のキーでも確認しておきましょう。

調が変わっても、ダイアトニックコードの種類と順番は同じです

●D MajorとA♭ Majorのダイアトニックを比較

全部の調（キー）で試すのが理想ですが、スペースに限りがありますので、♯系の調号の「D Major」、フラット系の調号となる「A♭ Major」で示してみます。

なお、一般的には調号を用いて表しますが、ここでは、１つずつの「コード（和音）」のタイプがわかりやすいように、あえて臨時記号で示しています。

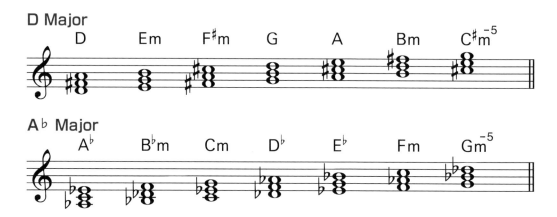

主音が変わっても、長音階のそれぞれの音程は同じなので、構成される「三和音（トライアド）」のタイプとその順序は変わりません。つまり、コードの根音（ルート）の音名だけが、調（キー）によって変わります。

ダイアトニックスケール上の「ダイアトニックコード（固有和音）」に、背番号のようなものをつけて分類する方法があります。

これを「和音の度数」、英語で「ディグリーネーム」といいます。

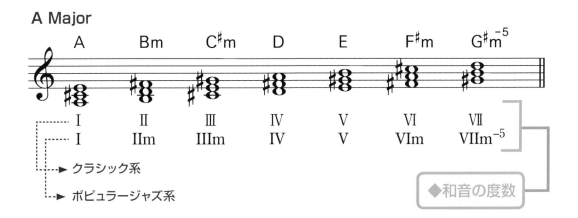

ヒント

「和音の度数（ディグリーネーム）」は、ローマ数字で表すのが一般的です。

なお、クラシックではローマ数字のみ、ポピュラーミュージックやジャズの理論では、コードタイプを併記することが多いです（マイナーコードなら、ローマ数字に「m」をつけるなど）。

次のページに続く ▶▶▶

主要三和音と副三和音の意味について確認します

レッスン34で見たように、主和音（トニック）に対して、属和音（ドミナント）、下属和音（サブドミナント）があります。そして、長音階（メジャースケール）は、これらが3つともメジャーコードとなる点に注目しましょう。

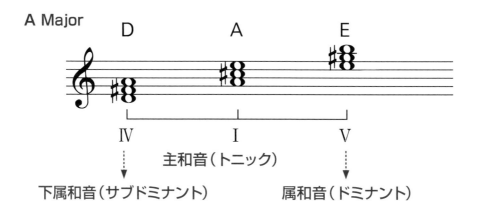

主和音、属和音、下属和音の3つを「主要三和音」といいます。この3つのコード（和音）がメジャーコード（長和音）

であることも、長調といわれる要因です。

なお、「主要三和音」以外のコードを「副三和音」といいます。

ポイントをまとめてみましょう

長音階（メジャースケール）の「ダイアトニックコード（固有和音）」は、次のように3種類に分類できます。

- -

●3種類のコードのグループ

➡ I / IV / V：メジャーコード（長三和音）

➡ IIm / IIIm / VIm: マイナーコード（短三和音）

➡ VIIm-5: ディミニッシュコード（減三和音）

- -

つまり、3つのメジャーコード（長三和音）と、3つのマイナーコード（短三和音）、1つのディミニッシュコード（減三和音）という内訳になります。

第4章 コードの基本を知ろう

① #系キーの「主要三和音」と「副三和音」を確認しよう

TRACK 59

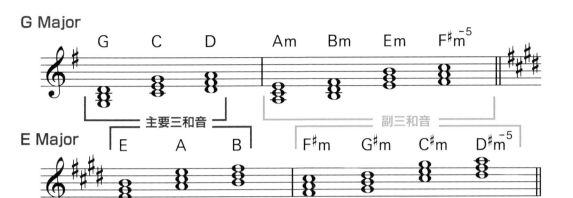

「G Major」と「E Major」の「ダイアトニックコード（固有和音）」を、タイプ別に演奏してみます

それぞれの「コード（和音）」の度数と響きのタイプを感じてみましょう

② ♭系キーの「主要三和音」と「副三和音」を確認しよう

TRACK 60

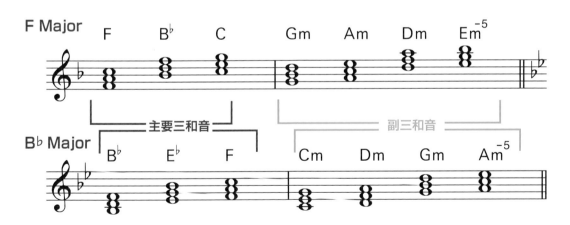

「F Major」と「B♭ Major」の「ダイアトニックコード（固有和音）」を、タイプ別に演奏してみます

それぞれの「コード（和音）」の度数と響きのタイプを感じてみましょう

 終わり

短音階の3音コードの
タイプをまとめておこう

キーワード マイナースケール、ダイアトニックコード

前項で長音階（メジャースケール）上にできる「ダイアトニックコード（固有和音）」について、まとめて確認しました。

同じように、短音階（マイナースケール）上にできる「ダイアトニックコード」についてもまとめておきましょう。

短調でも、ダイアトニックコードの種類と順番は同じです

やはりスペースに限りがあるので、ここでも、♯系の調号の「b minor」、♭系の調号の「f minor」で示してみます。

なお、わかりやすさを優先するため、調号を用いず臨時記号で譜面に記しています。では、和声的短音階（ハーモニックマイナースケール）で比較してみましょう。

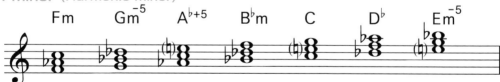

長調と同じく、短調でも主音が変わっても各音の音程は同じです。よって、構成される「三和音（トライアド）」のタ

イプと順序は変わりません。つまりコード（和音）の根音（ルート）の音名だけが、調（キー）によって変わります。

3種類のディグリーネームを比較しましょう

f♯ minorスケール上で、「コード（和音）の度数」＝「ディグリーネーム」を確認します。

自然的短音階（ナチュラルマイナー）、和声的短音階（ハーモニックマイナー）、旋律的短音階（メロディックマイナー）の3タイプを比較する形で見ていきます。

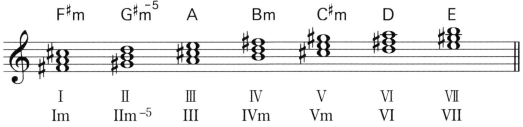

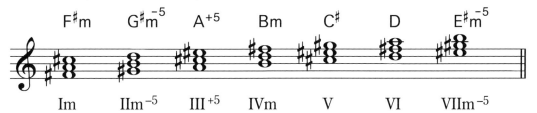

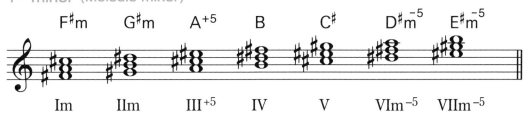

次のページに続く ▶▶▶

　自然的短音階（ナチュラルマイナー）のⅠ／Ⅳ／Ⅴ、つまり「主要三和音」が「マイナーコード（短和音）」であることも短調といわれる要因です。

　また、音階（スケール）が変わることで、コードのバリエーションも増えています。しかし、最も大事な点は、「属和音（ドミナント）」のⅤのコードの違いとなります。以下の点は特に注意してください。

● 自然的短音階（ナチュラルマイナー）のⅤ：マイナーコード
● 和声的短音階（ハーモニックマイナー）のⅤ：メジャーコード

　旋律的短音階（メロディックマイナー）のⅤもメジャーコードですが、まずは和声的短音階（ハーモニックマイナー）のⅤがメジャーコードである点を覚えましょう。

ポイントをまとめてみましょう

　3種類ある短音階で、「コード（和音）」において重要となるのは自然的短音階（ナチュラルマイナー）と和声的短音階（ハーモニックマイナー）の2つです。そこで、ここではこの2種類の音階で作られるコードについてまとめておきます。

●自然的短音階（ナチュラルマイナー）の固有和音

➡ Ⅰ／Ⅳ／Ⅴ：マイナーコード（短三和音）
➡ Ⅱm-5：ディミニッシュコード（減三和音）
➡ Ⅲ／Ⅵ／Ⅶ：メジャーコード（長三和音）

●和声的短音階（ハーモニックマイナー）の固有和音

➡ Ⅰ／Ⅳ：マイナーコード（短三和音）
➡ Ⅱm-5／Ⅶm-5：ディミニッシュコード（減三和音）
➡ Ⅴ／Ⅵ：メジャーコード（長三和音）
➡ Ⅲ+5：オーギュメントコード（増三和音）

① ♯系キーの「主要三和音」と「副三和音」を確認しよう TRACK 61

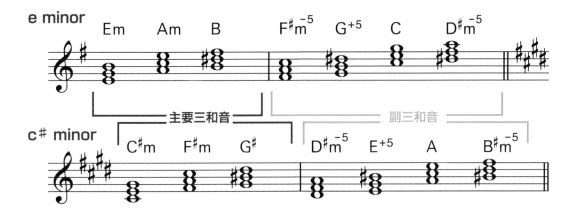

「e minor」と「c♯ minor」の和声的短音階（ハーモニックマイナー）の「ダイアトニックコード（固有和音）」を、タイプ別に演奏してみます

それぞれの「コード（和音）」の度数と響きのタイプを感じてみましょう

② ♭系キーの「主要三和音」と「副三和音」を確認しよう TRACK 62

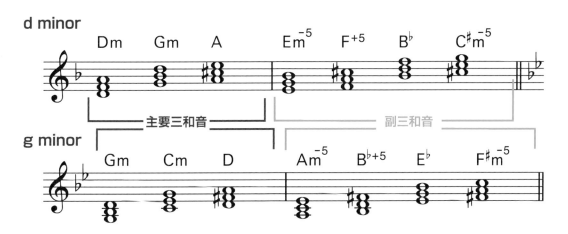

「d minor」と「g minor」の和声的短音階（ハーモニックマイナー）の「ダイアトニックコード（固有和音）」を、タイプ別に演奏してみます

こちらも、それぞれの「コード（和音）」の度数と響きのタイプを感じてみましょう

 終わり

長音階の4音で
コードを作ってみよう

キーワード 🔑 七の和音、属七の和音

ここまでで、基本となる「三和音（トライアド）」と、それぞれの響きのタイプを理解してきました。「三和音」のシンプルでストレートな響きに、さらに1つ音を加えることで「四和音」となります。ここでそれらを見ていきましょう。

「四和音」は「セブンスコード」と呼ばれます

「四和音」の構成は、「三和音」の上に、さらに3度を積み重ねた形となります。根音（ルート）からは、7度の音程にあたるので「第7音」、英語で「7th」です。

「四和音」は英語で「セブンスコード」、あるいは日本語で「七の和音」とも呼ばれます。

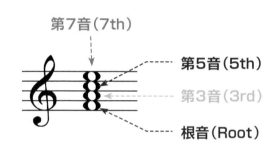

第7音（7th）
第5音（5th）
第3音（3rd）
根音（Root）

●セブンスコードのサウンドイメージ

ちなみに、「三和音（トライアド）」が、はっきりでストレートな原色のイメージとするならば、「セブンスコード」は、もうひとつの色が混ざった中間色「パステルカラー」のような印象です。

ヒント💡

第7音の音程には「長・短」、「減」があり、それが「コード（和音）」の響きに関わってきます。ちなみに、「増7度」はありません。「増7度」の異名同音程は、「完全8度＝1オクターブ」となり、ルートと同じ音になるからです。

第4章 コードの基本を知ろう

レッスン35の「三和音（トライアド）」のときと同じように、正月の鏡餅のイメージで「コード（和音）」のタイプを分類してみましょう。

●第7音＝鏡餅の上に乗るミカン

第7音は、鏡餅の一番上に乗るミカン（橙）をイメージしてください。

さらに、第5音からの音程により、第7音を次のように譜面に記しました。

● 第5音からの音程が長3度：大きなミカン
● 第5音からの音程が短3度：小さいミカン

●4種類に色分け

上記のルールに基づき、C Majorスケールの上にできる、「ダイアトニックコード（固有和音）」の「四和音（セブンスコード）」を分類すると以下の譜面のようになります。

同じ色で囲ったものは同種の「四和音」です。ここでは4種類に色分けされている点のみ確認しましょう。各四和音について、詳しくは、次ページで説明します。

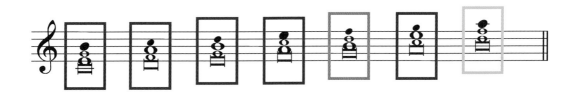

次のページに続く ▶▶▶

4タイプのコードを分類しましょう

前ページで色分けした4種類の「コード（和音）」のタイプを、ここで分類してましょう。ここでも第7音はミカンをイメージしてください。

●1）メジャートライアド（長三和音）＋長3度

安定感のある「メジャートライアド（長三和音）」の上に、大きなミカンが目立っています。

根音（ルート）と第7音の音程は、「長7度（M7）」になります。

●2）メジャートライアド（長三和音）＋短3度

安定感のある「メジャートライアド（長三和音）」の上に、小さなミカンが乗っています。いかにも上のミカンが落ちそうな不安感がある響きです。

根音（ルート）と第7音の音程は、「短7度（m7）」になります。

●3）マイナートライアド（短三和音）＋短3度

やや不安定な「マイナートライアド（短三和音）」に、それに見合ったサイズの小さいなミカンが乗っています。全体的に無難な存在です。

根音（ルート）と第7音の音程は、「短7度（m7）」になります。

●4）ディミニッシュトライアド（減三和音）＋長3度

目立ちにくい「ディミニッシュトライアド（減三和音）」に、大きなミカンが乗っています。大きなミカンのおかげで、もともと三和音ではトータルの高さが低かったものが、ややカバーされたような存在です。

根音（ルート）と第7音の音程は、「短7度（m7）」になります。

1）長三和音＋長3度　2）長三和音＋短3度　3）短三和音＋短3度　4）減三和音＋長3度

ルート(根音)を「C」として、これら「セブンスコード（四和音）」の４つのタイプをコードネームで書き表してみましょう。ルールは次ようになります。

●1）CM7（Cメジャーセブンス）

長７度（メジャーセブンス）が乗っているので、「M7」（あるいは「maj7」さらには「△7」）を表記します。これを「C」の「コード」と組み合わせ、「CM7」、あるいは「Cmaj7」「C△7」と表記します。

●2）C7（Cセブンス）

短７度（マイナーセブンス）が乗っているので、「(minor) 7」の(minor)を省略した、数字の「7」だけを表記します。これを「C」の「コード」と組み合わせ、「C7」と表記します。

●3）Cm7（Cマイナーセブンス）

短７度（マイナーセブンス）が乗っているので、「(minor) 7」の(minor)を省略した、数字の「7」だけを表記します。これを「Cm」の「コード（和音）」と組み合わせ、「Cm7」と表記します。

●4）Cm7-5（Cマイナーセブンスフラットフィフス）

短７度（マイナーセブンス）が乗っているので、「(minor) 7」の(minor)を省略した、数字の「7」だけを表記します。これを「Cm⁻⁵」のコードと組み合わせ、「Cm7⁻⁵」と表記します（あるいは省略記号として「Cø」と表記します）。このときの「7」は、「5」よりも先に配置されます。

終わり

「7th」の表記は２種類となります

　「7th」には「長７度（Major 7th）」と「短７度（minor 7th）」の２種類があります。

　これら２つの「7th」をコードネームに記すときのルールは次のようになります。

● 長７度（Major 7th）：「トライアド（三和音）」＋「M7」（あるいは「maj7」「△7」）
● 短７度（minor 7th）：「トライアド（三和音）」＋「7」

属和音のG7は、調の判別材料になります

　ここで、もう一度、四和音のダイアトニックコードを見てみましょう。

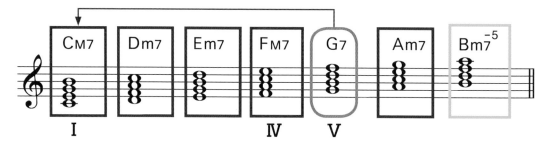

　メジャーダイアトニックの「三和音（トライアド）」には３つの「メジャーコード（長三和音）」がありました。C MajorではC、F、Gのコードがそれにあたり、これらを四和音にすると、CM7、FM7、G7となります。つまり、３つのメジャーコードのうち、G7の「属和音（ドミナントコード）」だけが別タイプになっていることがわかります。

　このことから、属和音（ドミナントコード）は調（キー）を判別するときの拠り所にもなるのです。このG7などのことを、「属七の和音」、英語で「ドミナントセブンスコード」といいます。

ヒント

　レッスン36で説明したように、調（キー）が変わっても、コードタイプと順序は変わりません（右ページの譜例参照）。

　これは、四和音（セブンスコード）になっても同様です。

① メジャースケールの「セブンスコード」を確認しよう

TRACK **63**

38

七の和音、属七の和音

C Major

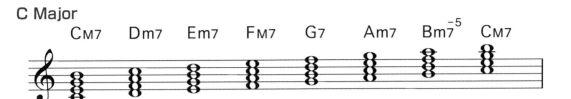

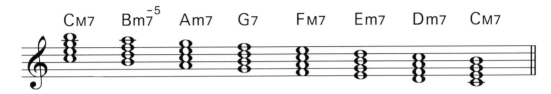

「C Major」における「ダイアトニックコード（固有和音）」の「セブンスコード（四和音）」を演奏してみます

それぞれの「コード（和音）」の響きのタイプを感じてみましょう

② 他のキーで「セブンスコード」を確認しよう

TRACK **64**

D Major

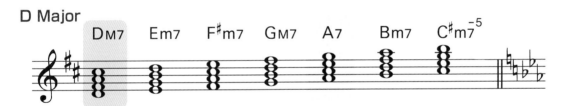

E♭ Major

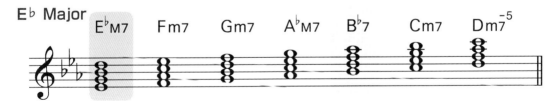

「D Major」と「E♭ Major」における「ダイアトニックコード（固有和音）」の「セブンスコード（四和音）」を演奏してみます

調（キー）と、その「ドミナントコード（属和音）」のA7とB♭7の関係性と響きに着目してみましょう

 終わり

短音階の4音で
コードを作ってみよう

キーワード 🎵 減七の和音、ディミニッシュセブンスコード

前項で、長音階（メジャースケール）の「セブンスコード（四和音）」をみてきました。同じように、短音階（マイナースケール）でも「セブンスコード」が作れます。ここで、まとめて見ていきましょう。

短音階の3つの音階で「四和音」を作ります

短音階（マイナースケール）にはオリジナルと2つのバリエーションがありました。つまり、自然的短音階（ナチュラルマイナー）、和声的短音階（ハーモニックマイナー）、旋律的短音階（メロディックマイナー）です。

これら3つの音階で、「セブンスコード（四和音）」を構成したものが以下の譜面です。

ちなみに、自然的短音階（ナチュラルマイナー）のダイアトニックコードは、メジャーの「ダイアトニックコード（固有和音）」の順番を入れ替えたものとなります。三和音（トライアド）の「ダイアトニックコード」のケースと同じですね。

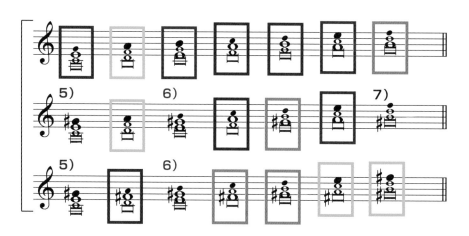

なお、譜面上に書かれた5)～6)は、今回はじめて出てきた「コード（和音）」のタイプです。これらについては、次ページで詳しく説明します。

レッスン38の1）～4）で示したとおり、長音階には4タイプの「コード（和音）」があります。そして、和声的短音階（ハーモニックマイナー）には、長音階には含まれない「コード」が3タイプあります。前ページの譜面の5）～7）がそれにあたります。それら5）～7）の構造を確認していきましょう。

●5）マイナートライアド（短三和音）＋長3度

やや不安定な「マイナートライアド（短三和音）」の上に、大きなミカンが乗っています。そのため、崩れそうで緊張感のある響きです。

根音（ルート）と第7音の音程は「長7度（M7）」になります。

●6）オーギュメントトライアド（増三和音）＋短3度

ボヤっとした「オーギュメントトライアド（増三和音）」の上に、小さなミカンが乗っています。さらに、とぼけた響きが強調されています。

根音（ルート）と第7音の音程は、「長7度（M7）」になります。

●7）ディミニッシュトライアド（減三和音）＋短3度

かなり目立たない「ディミニッシュトライアド（減三和音）」に、さらにサイズの小さいなミカンが乗っています。4つの音を重ねた高さが、最も低く消極的な響きになります。

根音（ルート）と第7音の音程は、「減7度（dim7）」になります。

旋律的短音階（メロディックマイナー）にも、長音階に含まれない「コード」があります。上で説明した5）～6）がそれです。つまり、和声的短音階（ハーモニックマイナー）と重複しているわけです。

次のページに続く ▶▶▶

5）〜7）をコードネームを用いて記します

ルート（根音）を「C」として、これら5）〜7）の「セブンスコード（四和音）」の3つのタイプをコードネームで書き表してみましょう。ルールは次のようになります。

●5）CmM7（Cマイナーメジャーセブンス）

長7度（メジャーセブンス）が乗っているので、「M7」（あるいは「maj7」さらには「△7」）を表記します。これを「Cm」のコード（和音）と組み合わせ、「CmM7」、あるいは「Cmmaj7」「Cm△7」と表記します。

●6）CM7+5（Cメジャーセブンス シャープフィフス）

長7度（メジャーセブンス）が乗っているので、「M7」（あるいは「maj7」また「△7」）を表記します。これを「C」のコードと組み合わせ、「CM7+5」と表記します。この時の「7」は、「5」、あるいは「maj7+5」「△7+5」よりも先に表記されます。

●7）Cdim7（Cディミニッシュセブンス）

減7度（ディミニッシュセブンス）が乗っています。詳しくは次ページのヒントで後述しますが、これだけ今までのパターンとは違うので注意が必要です。「Cdim7」（あるいは数字なしの「Cdim」）、あるいは省略記号として「C○」と表記します。

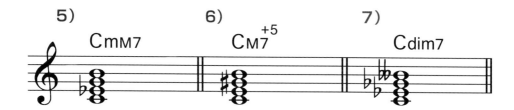

ヒント

コードネームにおける「7th」の表記のルールは、前のレッスン38と同じですが、7）のCdim7だけ異なります。ルート（根音）から減7度（ディミニッシュセブンス）になるものは、「ルート」＋「dim7」（あるいは「dim」だけ）という規則です。ちなみに、三和音（トライアド）の「m-5」の減三和音を「dim」と表記するなど、コード表記にいろいろなユレがあります。

3種類の短音階のVを比較してみます

ここで、短音階（マイナースケール）における「ダイアトニックコード（固有和音）」のVを確認しましょう。

自然的短音階（ナチュラルマイナー）ではVが「マイナーセブンス」コードのEm7であるのに対して、和声的短音階（ハーモニックマイナー）のVは「属七の和音（ドミナントセブンス）」のE7になっていることがわかります。同様に、旋律的短音階（メロディックマイナー）のVもE7になっています。

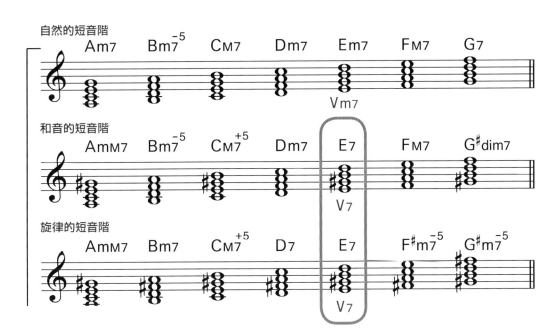

① 2つの短音階の「セブンスコード」を確認しよう

a minor

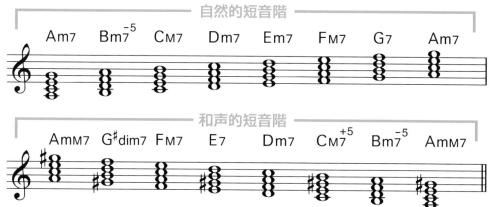

「a minor」の自然的／和声的短音階の「ダイアトニックコード（固有和音）」の「セブンスコード（四和音）」を演奏してみます

それぞれの「コード（和音）」の響きのタイプを感じてみましょう

② 他のキーで「セブンスコード」を確認しよう

b minor

c minor

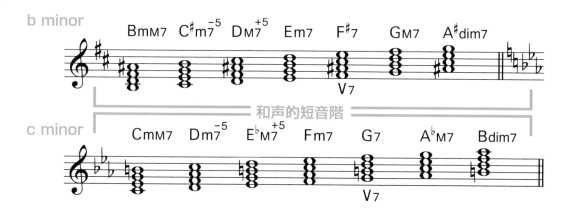

「b minor」と「c minor」の和声的短音階の「ダイアトニックコード（固有和音）」の「セブンスコード（四和音）」を演奏してみます

調（キー）と、V7の「属七の和音（ドミナントセブンスコード）」の関係性と響きに着目しましょう

減七の和音、ディミニッシュセブンスコード

セブンスコードが不協和音に聴こえますが?

確かにセブンスという不協和音程を含みますが、
それは、おしるこやスイカと塩の関係のようなものです

　確かに「セブンスコード(四和音)」自体は不協和音です。

　例えばルートの「G音」に対して、メジャーセブンス(長7度)の「F♯」や、マイナーセブンス(短7度)の「F♮」だけを演奏すると、安定感はありません。しかし、「GM7」や「G7」は、この音程がないと成立しません。つまり、「トライアド(三和音)」の「心地よい響きの塊があるからこそ、不協和な音程をちょっと混ぜてあげることで、より協和音が響き引き立つように感じられるのです。

　さらに、これは7度に限りません。「ナインス=9th」などの「テンションノート」と呼ばれるものにも同様の傾向があります。

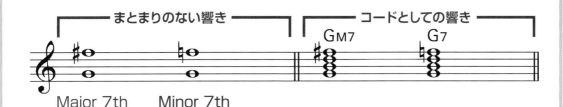

　最近は、あまり見かけることがなくなりましたが、スイカに塩をかけると、甘味が引き立つのと似ています。あるいは、おしるこにひとつまみ塩を入れるのと同じです。

　慣れないと、確かに一瞬濁ったハーモニーに聴こえますが、だんだん慣れてくるとやみつきになるものがあります。例えば、人生はじめてのビールは苦いですが、だんだん飲み慣れてくると、あの喉ごしがやみつきになるなど…味覚が変化していくように、ハーモニーの好みも年齢とともに進化していくものです。

　ですから、今すぐに、あまりよい響きと思えなくても、大丈夫です。

4音コードのタイプを
まとめておこう

レッスン38〜39で、長音階（メジャースケール）と短音階（マイナースケール）上に構成されるセブンスコード（四和音）を取り上げてきました。

ここで、それらのまとめをしておきましょう。

「三和音」＋「7度」の組み合わせでできる9パターンの確認です

「長／短／増／減」のトライアド（三和音）と、「長／短／増／減」の7度の組み合わせでできるパターンが以下です（例外的なものは次ページ下枠で解説）。なお、

□はルート（根音）が記されます。この中で「ダイアトニックコード（固有和音）」でないのは、⑤と⑦の2つです。⑥は、□aug7とも表記されることがあります。

●9種類のコードパターン

「長／短／増／減」の三和音と、「長／短／増／減」の7度の組み合わせが最大構成できるパターンです。これらを、まとめると以下の通りになります

（例外的なものは次ページ下枠で解説します）。なお、□はルート（根音）が記されます。次ページの譜面では、「C」をルート（根音）として記しました。

①長三和音（メジャーコード）＋長7度（メジャーセブンス）→□M7
②長三和音（メジャーコード）＋短7度（マイナーセブンス）→□7
③短三和音（マイナーコード）＋長7度（メジャーセブンス）→□mM7
④短三和音（マイナーコード）＋短7度（マイナーセブンス）→□m7
⑤増三和音（オーギュメントコード）＋短7度（マイナーセブンス）→□7+5
⑥増三和音（オーギュメントコード）＋長7度（メジャーセブンス）→□M7+5
⑦減三和音（ディミニッシュコード）＋長7度（メジャーセブンス）→□mM7-5
⑧減三和音（ディミニッシュコード）＋短7度（マイナーセブンス）→□m7-5
⑨減三和音（ディミニッシュコード）＋減7度（ディミニッシュセブンス）→□dim7

①〜⑨を譜面に記してみます

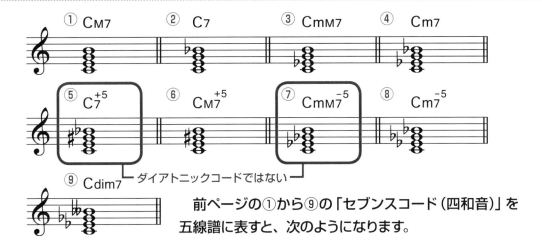

ダイアトニックコードではない

前ページの①から⑨の「セブンスコード（四和音）」を五線譜に表すと、次のようになります。

例外的なパターンの確認です

●減7度を含むコード

　減7度を含む次の組み合わせは「セブンスコード（四和音）」から除外されます。減7度は、異名同音程で長6度です。詳しくは第5章で取り上げます。

➡ 長三和音（メジャーコード）＋減7度（ディミニッシュセブンス）→□6
➡ 短三和音（マイナーコード）＋減7度（ディミニッシュセブンス）→□m6

　また、次の組み合わせは、コード（和音）として成り立ちません。増5度と減7度が、異名同音程で短2度になるためです（半音でぶつかるため）。

➡ 増三和音（オーギュメントコード）＋減7度（ディミニッシュセブンス）

●増7度を含むコード

　増7度は完全8度＝ルート（根音）。よってトライアド（三和音）になります。

➡ 長三和音（メジャーコード）＋増7度（オーギュメントセブンス）→□
➡ 短三和音（マイナーコード）＋増7度（オーギュメントセブンス）→□m
➡ 減三和音（ディミニッシュコード）＋増7度（オーギュメントセブンス）→□m-5
➡ 増三和音（オーギュメントコード）＋増7度（オーギュメントセブンス）→□+5

次のページに続く ▶▶▶

長調、短調のセブンスコードについても、
コード（和音）の度数とディグリーネームで考えてみます。

A Major

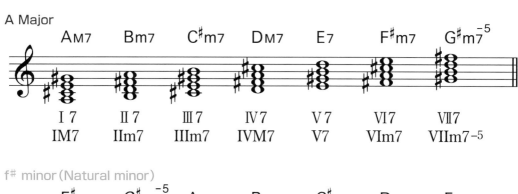

I 7	II 7	III 7	IV 7	V 7	VI 7	VII 7
IM7	IIm7	IIIm7	IVM7	V7	VIm7	VIIm7^{-5}

f# minor (Natural minor)

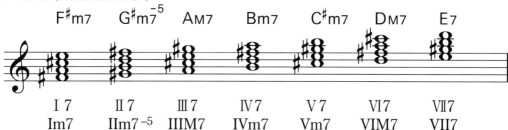

I 7	II 7	III 7	IV 7	V 7	VI 7	VII 7
Im7	IIm7^{-5}	IIIM7	IVm7	Vm7	VIM7	VII7

f# minor (Harmonic minor)

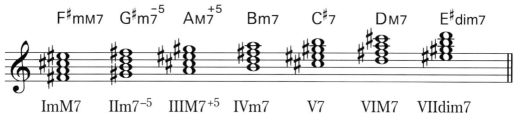

ImM7	IIm7^{-5}	IIIM7^{+5}	IVm7	V7	VIM7	VIIdim7

f# minor (Melodic minor)

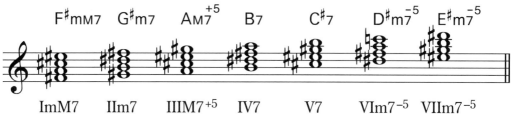

ImM7	IIm7	IIIM7^{+5}	IV7	V7	VIm7^{-5}	VIIm7^{-5}

第4章 コードの基本を知ろう

　「セブンスコード（四和音）」で、「主和音（トニック）」、「属和音（ドミナント）」、「下属和音（サブドミナント）」を考えてみます。短音階（マイナースケール）は、和声的短音階（ハーモニックマイナースケール）で構成しています。

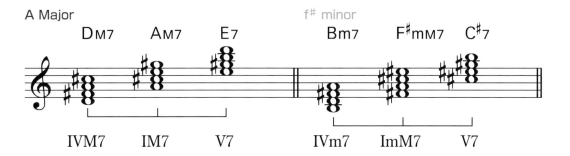

　長調（メジャー）、短調（マイナー）どちらも属和音が「属七の和音（ドミナントセブンスコード）」になっていることに着目しましょう。

長音階のダイアトニックコードのまとめです

　長音階（メジャースケール）の「ダイアトニックコード（長音階の固有和音）」は、次の4タイプに分かれます。

･･

➡ IM7/ IVM7：メジャーセブンスコード（長七の和音）

➡ IIm7 / IIIm7 / VIm7：マイナーセブンスコード（短七の和音）

➡ VIIm7-5：マイナーセブンスフラットフィフスコード（減三和音＋短7度の和音）

➡ V7：（ドミナント）セブンスコード（属七の和音）

次のページに続く ▶▶▶

　和声的短音階（ハーモニックマイナースケール）の「ダイアトニックコード」は、次の7タイプに分かれます。

➡ ImM7：マイナーメジャーセブンスコード（短三和音＋長7度の和音）

➡ IIm7-5：マイナーセブンスフラットフィフスコード（減三和音＋短7度の和音）

➡ IIIM7+5：メジャーセブンスシャープフィフスコード（増三和音＋長7度の和音）

➡ IVm7：マイナーセブンスコード（短七の和音）

➡ V7：（ドミナント）セブンスコード（属七の和音）

➡ VIM7：メジャーセブンスコード（長七の和音）

➡ VIIdim7：ディミニッシュセブンスコード（減七の和音）

ヒント

　長7度（メジャーセブンス）と、短7度（マイナーセブンス）の区別が瞬時的につかないときには、ひとまずレッスン18を思い出してください。

　第7音をオクターブ転回すると、次の関係であることがわかるでしょう。

● ルートと半音＝短2度になるなら、長7度（M7）
● ルートと全音＝長2度になるなら、短7度（m7）

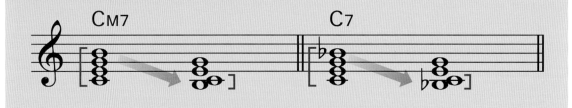

🏁 終わり

第5章

コードの
バリエーションを知ろう

いよいよ最後の章です。これまで、さまざまなコード（和音）を学んできました。これらに音を付け加えたり、構成音を別の音に置き換えることでバリエーションを作ることができます。ここでは、これらについて学んでいきます。これで頻出コードは、すべて網羅できていると思っていいでしょう。

一番低い音が根音でない 転回形を知ろう

キーワード🗝 転回形、Inversion

　ここまで、基本となるトライアド（三和音）、そしてセブンスコード（四和音）のタイプについて覚えました。基本の型を知ったところで、ここからは、そのバリエーションについて確認していきましょう。

音の積み重ねの順番が変化することがあります

　ここまでのコード（和音）は、まずは必ず根音（ルート）が一番下にあって、それに3度づつ音を積み重ねると説明してきました。

　しかし、実際の曲の中では、オクターブの高さが変更されたり、あるいは重複されたりしています。規則正しく、この順番通りに積み重なるとは限りません。

音の重ね方の例

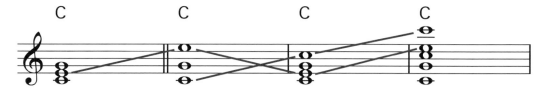

最低音によって印象が変わります

　同じコード（和音）内の構成音では、どのような積み重ね方をしても、そのコード（和音）の大きな意味での性格は変わりません。しかし、最低音がどの音になるかによって、コード（和音）の響きの印象がやや違って聴こえます。これは、各音程の組み合わせと順番が変わるからです。

　この点について、次のページで詳しく見ていきます。なお、ルート（根音）以外の音が最低音となることを「転回形」といいます。

最低音の種類による名称の確認です

　コード（和音）の積み重ね方は、一番低い音によって名称があります。
ここでは、それらを確認していきましょう。

➡ ルートから順番に3度で重ねる：**基本形、英語でRoot Position**
➡ コードの第3音（3rd）が最低音：**第1転回形、英語で1st Inversion**
➡ コードの第5音（5th）が最低音：**第2転回形、英語で2nd Inversion**
➡ コードの第7音（7th）が最低音：**第3転回形、英語で3rd Inversion**

三和音

四和音

ヒント

　トライアド（三和音）は、第7音
を含まないので、「基本形」、「第1転
回形」、「第2転回形」の3タイプと
なります。つまり、「第3転回形」は
セブンスコード（四和音）のみです。

終わり

転回形の別称も確認しましょう

理論書などでは、「転回形」を次のように呼ぶこともあります。
これは、「転回形」の特徴的な音程に由来した呼び方です。

●トライアドの場合

➡ 第1転回形：六（ろく）の和音
➡ 第2転回形：四六（しろく）の和音

●セブンスコードの場合

➡ 第1転回形：五六（ごろく）の和音
➡ 第2転回形：三四（さんし）の和音
➡ 第3転回形：二（に）の和音

転回形を基本形に戻すコツの紹介です

「転回形」は、パッと見た瞬間、何のコード（和音）か、わかりづらい時があります。
ここでは、簡単に「基本形」に戻す方法を見ていきましょう。

●トライアドの場合

トライアド（三和音）の「転回形」は、一箇所だけ 4度の音程を含みます。その 4度音程の上の音がルートになります。

●セブンスコードの場合

セブンスコード（四和音）の「転回形」は、一箇所だけ 2度の音程を含みます。その 2度音程の上の音がルート（根音）になります。

※一部例外があります。レッスン43、44で確認しましょう。

第5章　コードのバリエーションを知ろう

1 「トライアド」の転回形を確認しよう

TRACK 67

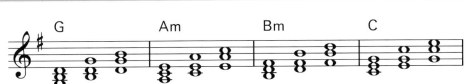

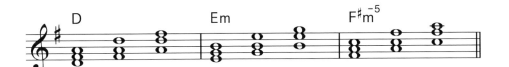

「G Major」でダイアトニックコード「固有和音」のトライアド（三和音）を、「基本形」・「第1転回形」・「第2転回形」の順番で演奏していきます

それぞれの「転回形」でコード（和音）の響きを感じてみましょう

2 「セブンスコード」の転回形を確認しよう

TRACK 68

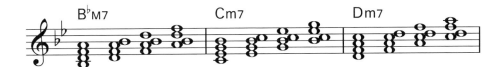

「B♭ Major」でダイアトニックコード（固有和音）のセブンスコード（四和音）を、「基本形」・「第1転回形」・「第2転回形」・「第3転回形」の順番で演奏していきます

それぞれの「転回形」でコード（和音）の響きを感じてみましょう

 終わり

一番低い音が根音でない
コードネームを知ろう

キーワード 分数コード、オンコード、スラッシュコード

前項でコード（和音）の「転回形」に
ついて知りましたが、そのときのコード
ネームの表記にもいろいろなパターンが
あります。

ここでは、その方法について見ていき
ましょう。

ルートが最低音でないときのコードネームの書き方です

前コーナーのレッスン41で見たよう
に、コード（和音）の「転回形」によっ
ては、ルート（根音）以外の音が最低音
になる積み重ねがあります。

例えば、Cのコード（和音）で最低音
がGになる場合。これをコードネームで

表記すると、「C/G」もしくは「CᵒⁿG」
となります。

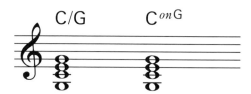

コードネームを書く時の決まりを確認します

前述した「C/G」もしくは「CᵒⁿG」で用いた「/」や「on」を使う場合の決まりは、
次のようになります。

➡ 「/」や「on」の左側：コードネームをアルファベットで記します

➡ 「/」や「on」の右側：最低音をアルファベットで記します

なお、この最低音を「ベース音」ともいいます。

ヒント💡

コードネームの表記から、日本では通称「分数コード」や「オンコード」などと呼ばれています。

特に「オンコード」は、日本特有で、いくつかの出版社が使用するなど限定的な表記です。

英語では「スラッシュコード」あるいは「オーバーコード」という表現が一般的のようです。

なお、本書では「スラッシュコード」という名称を使用します。

コードネーム表記の注意点です

コードネームが示す最低音は、コードのベースパートや、低音部パートの音域となります。よって、ピアノの右手のコードが転回形でも、左手の最低音がルート（根音）を弾いていれば、全体に「基本形」ということになります。この点に注意しましょう。

これは、ギターのコードが「転回形」でも、ベースギターがルート（根音）を弾いているときも同じことがいえます。

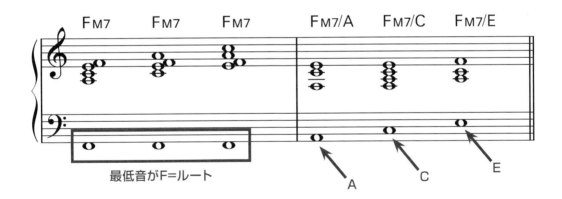

最低音がF＝ルート

次のページに続く ▶▶▶

コードに含まれない音が最低音になることもあります

　ここまで、コードの構成音の順番が入れ替わった「転回形」を「スラッシュコード」で表記する方法を見てきました。それ以外に、コードの構成音に含まれない音を「ベース音」として演奏したいときにも、「スラッシュコード」が使われることがあります。

　ただし「Em／C（Em^{onC}）」や「F／D（F^{onD}）」などは、単に「CM7」と「Dm7」と同じです。よって、ルート（根音）とコード（和音）のタイプがはっきりとする通常の表記にすべきです。

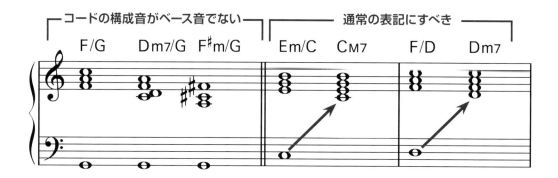

ヒント

　「／（スラッシュ）」ではなく「ー（横棒）」で表記されているケースも見かけます。しかし、この表記はベース音ではなくコードを指定する表記に使われることがあります。具体的には、コードの上にまた違ったコードを乗せて演奏する場合です。ですから、あまりオススメしません。

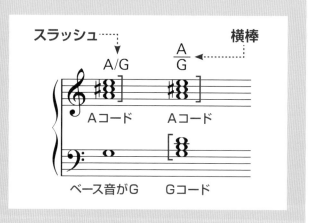

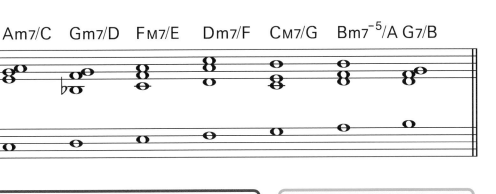

① 転回形となるスラッシュコードを確認しよう　TRACK 69

「C Major」のダイアトニックコード（固有和音）で「スラッシュコード」になるものを演奏してみます

それぞれの「スラッシュコード」の響きを感じてみましょう

② コードにない音がベース音になるスラッシュコードを確認しよう　TRACK 70

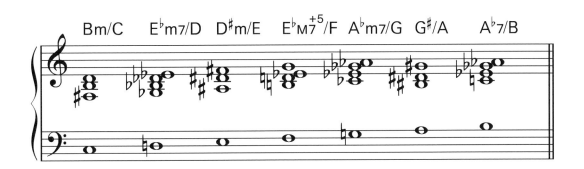

「C Major」のスケール音が「ベース音」となる「スラッシュコード」を演奏してみます

コード（和音）の構成音にない音が「ベース音」であることを確認しつつ、それぞれの「スラッシュコード」の響きを感じてみましょう

 終わり

コードに音が付け加えられるパターンを知ろう

キーワード🔑　付加音、add、6度、6th、9度、2nd

トライアド（三和音）に7度の音を加えることで、セブンスコード（四和音）というバリエーションができました。こ

こでは、7度に限らず、別の音程を加えてみます。基本のトライアドを少し濁らせるようなサウンドのイメージです。

「6thコード」の仕組みについての解説です

レッスン40でも触れたとおり、減7度（ディミニッシュセブンス）は、異名同音の長6度（メジャーシックス）と同じ音です。よって、長三和音（メジャーコード）や短三和音（マイナーコード）に、この「減7度＝長6度（メジャー

シックス）」を加えると「6thコード」になります。

「6thコード」のサウンドを確認しましょう

「6thコード」のサウンドは、6度の穏やかな濁りを付加したものとなっています。6度は、7度ほど目立たないサウンドです。

ゆえに、ルート（根音）から協和音程の「6度」を加えることで、トライアド（三和音）にやや温かみを添えるような響きになるわけです。

　レッスン41で見たように、セブンスコード（四和音）の「転回形」は、一箇所だけ2度の音程を含み、その2度音程の上の音がルート（根音）になります。

　例えば、前ページで出てきた「C6」の基本形は、まさにこの2度音程が含まれます。ですから、「C6」を「A」の音をルート（根音）として書き直すと、Am7の「第1転回形」、つまりAm7/Cとも考えられます。

　同じように、Cm6は、Am7-5の「第1転回形」、Am7-5/Cとも考えられます。

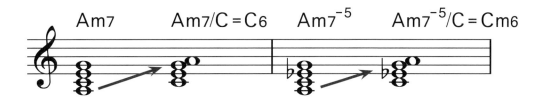

　上の譜面で示したように、「6thコード」は「スラッシュコード」でも表記できます。

　これらのコードネームの使い分けは、そのコードの前後の繋がりと役割で判断する必要があります。

ヒント

　「6thコード」や次ページで取り上げる「9thコード」は、どちらも「Major＝長音程」を加えるコード（和音）なので、必ずしもダイアトニックスケール（固有和音）内の音になるとは限らないことがわかります。

　さらに、□m-5に6thを加えると、□dim7になりますし、□+5に6thや□m-5に9thを付加したコードは心地よい響きにならないこともわかります。

　これら6thや9thを含むコード（和音）は、コードネームでの表記としてしづらく、あまり一般的ではありません。

次のページに続く ▶▶▶

「add9thコード」も穏やかな濁りが生じます

トライアド（三和音）に「9th（ここでは長9度）」を加えると「add9th（アドナインス）」コードになります。なお、「add」は「加える」という意味で、これを「付加和音」と呼びます。

●メジャーコードに9thを加える

「9th（長9度）」の複音程を単音程にすると「長2度」です。メジャートライアド（長三和音）に9thを加えるということは、つまりルート（根音）と長3度の間に「長2度」の音を加えることになります（下記譜面参照）。また、コード（和音）の長3度との音程も、同じく長2度です。ゆえにシンプルなトライアド（三和音）の響きに、穏やかな濁りを含ませた響きになります。

●マイナーコードに9thを加える

「9th（長9度）」の単音程＝「長2度」は、ルート（根音）との音程が長2度、短3度とは短2度の音程になります。これにより、心地よい衝突感が含まれた響きになります。

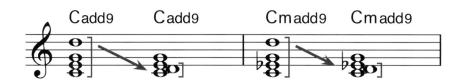

ヒント

「add9th」は7th（7度）を含んでいません。一方、セブンスコード（四和音）は7thを含んでいます。この場合の9thの解釈は、「7thよりさらに積み重ねた音」となり意味合いが違います。ですから、この2つは分けて考えましょう。

➡ 7thを含まない：□add9、□madd9

➡ 7thを含む：□M7(9)、□7(9)、□m7(9)など〜

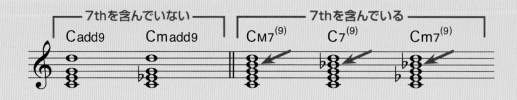

① 6thコードの響きを確認しよう

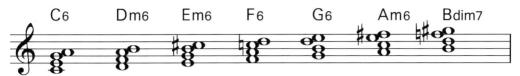

このページ下部の注釈参照

「C Major」と「a minor」ハーモニックマイナー（和声的短音階）のダイアトニックコード（固有和音）に、6thを加えた「6thコード」を演奏してみます

それぞれの「6thコード」の響きを感じてみましょう

② add9thのコードの響きを確認しよう

「C Major」と「a minor」ハーモニックマイナー（和声的短音階）のダイアトニックコード（固有和音）に、9thを加えた「add9thコード」を演奏してみます

それぞれの「add9thコード」の響きを感じてみましょう

※ 一般的でない響きのコードのため、コードネームを省略しました。

 終わり

コードの一部が置き換えられるパターンを知ろう

トライアド（三和音）、あるいはセブンスコード（四和音）の3度（3rd）が他の音程に置き換えられるバリエーションがあります。

ここでは、これらの代表的なものを取り上げておきます。

「sus4コード」の仕組みについての解説です

メジャーコード（長三和音）やマイナーコード（短三和音）の「第3音＝3度（3rd）」を、「第4音＝4度（4th）」に置換したコード（和音）を「sus4（サスフォー）」といいます。

この「sus4（サスフォー）」は、長3度（Major 3rd）や短3度（minor 3rd）を、完全4度（Perfect 4th）に

3度を4度に置換

吊り上げたような形になります。そのため、「suspend＝吊り上げる、繋留した」などの意味から、「sus4」と表記します。

「sus4」コードの特徴の確認です

長3度（Major 3rd）や短3度（minor 3rd）は、コード（和音）の性格を決定します。よって、4度（4th）に置き換えられると、はっきりとした性格を持たない

漂うような響きが特徴になります。もちろん、「sus4（サスフォー）」コードは、メジャーでもマイナーでもなくsus4の特有な響きとなります。

セブンスコードを「sus4」にする場合もあります

ドミナントコード（属七の和音）は、「sus4」に置換されることがよくあります。この場合、「□7sus4」と表記します。□には、ルート（根音）の英語音名が入ります。

ちなみに、□7sus4は第4音と第5音が「2度」の音程となりますが、「転回形」ではなく「基本形」です。

レッスン41で見たように、一見「2度」の音程が含まれるので、何かのコードの転回形のようにも見えます。しかし、同時に「4度」の音程も含まれるので、これは「sus4」の「基本形＝Root Position」のコードです。この点に気をつけましょう。

近年、見かけるものに「sus2」コードがあります

昔からの楽典では説明されてないのですが、ここ数年で、少しづつ見かけるようになってきたコード表記として「sus2」というのがあります。これも「sus4」と考え方は同じで、3度（3rd）を2度（2nd）に置き換えたものと考えることができます。

「sus4」が「吊り上げられた」と解釈するなら、こちらは「吊り下げられた」

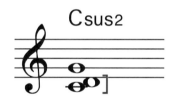

3度を2度に置換

という発想なのかもしれませんが、感覚的には通じるところがあります。

次のページに続く ▶▶▶

日本式のsus2コードの書き方の紹介です

「sus2」は、日本の楽典ではあまり馴染がありませんが、海外からの影響で近年国内でも普及してきました。ちなみに、「sus2」を日本式に書き直すと、「□add9(omit3)」となります。

「sus2」の2度（2nd）は、「add9」の9度（9th）と同じ音です。さらに、3度（3rd）を省略するという意味の「omit3」が表記されています。

このような長いコードネームを使わなくても、「□sus2」は一発で表現できるという利点もあります。

Cadd9 Cadd9(omit3)

3度あり　　　　3度なし

「sus4」と同じく3度（3rd）が抜けているので、メジャーやマイナーなどの性格があいまいです。

また、長2度音程を含むので、適度に心地よい濁りを生じる響きになります。

ヒント❓

レッスン42のベース音がコード（和音）の構成音に含まれない、いわゆる「スラッシュコード」を思い出してください。

例えば「Dm7/G」や「F/G」など、V度（ダイアトニックスケールの5番目の音）のベース音にコードが乗せられて使われることがあります。これらのコードは、G7sus4add9、G7sus4add9(omit5)を、シンプルに表現したコードネームとして考えることができます。

Dm7/G → G7sus4 add9　　　　F/G → G7sus4 add9(omit5)

① □7sus4コードの響きを確認しよう

TRACK **73**

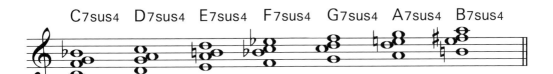

C7sus4　D7sus4　E7sus4　F7sus4　G7sus4　A7sus4　B7sus4

> 「C Major」の音階をルート（根音）とする
> 「sus4」コードを演奏してみます

> それぞれの「sus4」コード
> の響きを感じてみましょう

② □sus2のコードの響きを確認しよう

TRACK **74**

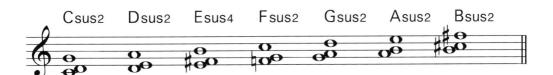

Csus2　Dsus2　Esus4　Fsus2　Gsus2　Asus2　Bsus2

> 「C Major」の音階をルート（根音）とする
> 「sus2」コードを演奏してみます

> それぞれの「sus2」コード
> の響きを感じてみましょう

🏁 終わり

付録

このコーナーはコードに関しての付録的な内容を中心としています。
必要に応じて使用してください。

付録コーナーの内容

テンションコードのまとめ

このコーナーは、テンションについてできるだけ手短にまとめたものです。
よって，理解するというよりかは、資料として役立ててください。

●テンションとテンションコード ･･･････････････････････････････････

セブンスコードまでを基本タイプとして、さらに、その上に３度の積み重ねを繰り返した
音がテンションです。テンションを加えたコードが、テンションコードとなります。

●テンションは９th、11th、13thの３種類 ････････････････････････

実際には、7thの３度上に、9th、
11th、13thが積み重なります。
15thは、ルートの２オクターブ上の
音と一致＝トライアドの構成音となる
ので、テンションとしては、最大で
9th、11th、13thです。日本語では
「九の和音」「十一の和音」「十三の和音」
ともいいます。

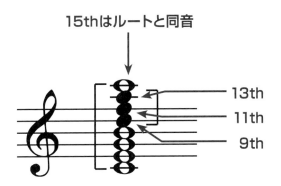

15thはルートと同音

13th
11th
9th

●ダイアトニックコード上のテンションを考える ・・・・・・・・・・・・・・・・・・・・・・・・

ダイアトニックコード上のテンションの9th、11th、13thを、オクターブ下に転回して単音程に置き換えてみましょう（譜面の黒い音符がテンションです）。それぞれ、2th、4th、6thになることがわかります。

例えば、CM7のテンションは、D、F、Aであり、Dmのコード構成音＝次の度数（ディグリー）のトライアドと考えることもできます。

●テンションコードのサウンド ・・

響きとしては、トライアドが原色のはっきりとした響きで、セブンスコードでは、中間色の「パステルカラー」。そしてテンションコードは、次のディグリーのトライアドの色を混ぜたような、相当に複雑な響きになることがわかります。この緊張感の高いサウンドの要因＝テンションというわけです。

●ダイアトニックコードに使われるテンション ・・・・・・・・・・・・・・・・・・・・・・・・・・

ダイアトニックコード上に、すべてのテンションを載せたものが以下の譜例です。

×は通常、テンションとして扱わない音

×の音は、]で括った音との相性がよくない

この中で、×の符頭で記したテンションは、和音の響きを著しく阻害する要因になるので、通常はテンションとして認められません。これは「(ハーモニック) アヴォイドノート」と呼ばれます。これに対して、コードの響きにテンションとして活用されるものを「アヴェイラブルテンション」といいます。

なお、「アヴォイドノート」はハーモニーの一部として活用できませんが、フレーズの一部にアプローチノートとして活用することができることがポイントです。

付録

●ダイアトニックコードにおけるテンションコード表記 ‥‥‥‥‥‥‥‥

アヴォイドを除くテンションを含むダイアトニックコードのコードネームは以下のとおりです。

➡ **CM7**$^{(9,13)}$
➡ **Dm7**$^{(9,11,13)}$
➡ **Em7**$^{(11)}$
➡ **FM7**$^{(9,\sharp 11,13)}$ (※)
➡ **G7**$^{(9,13)}$
➡ **Am7**$^{(9,11)}$
➡ **Bm7**$^{-5(11,\flat 13)}$ (※)

※：IVM7の11thが増4度音程なので、(♯11)、Bm7-5の13thが短6度なので、(♭13)になることに注意です。

IIm7の13thが、3rdとトライトーンを形成することで、ドミナントコードに近くなるという理由で、これを「アヴォイドノート」とする流派もあります。しかし、響きとしては決してアヴォイドになるわけではありません。どちらかというとコードの機能面における「アヴォイドノート」という主張でしょう。

●アヴォイドノートの基本原則 ‥‥‥‥‥‥‥‥‥‥‥‥‥‥‥‥‥‥‥‥‥

「アヴォイドノート」になるテンションは、基準となるコードのトライアドの構成音と短9度（minor 9th）の音程に該当するテンションと位置付けられます。つまり、単音程として言い替えれば、トライアドの半音上の音になるものが対象となることがわかります。

付
録

●オルタードテンションの種類 ・・・・・・・・・・・・・・・・・・・・・・・・・・・・・・・・・・・・・・・

　ドミナントからトニックへの進行を、機能和声では「解決」といいます。この解決感を、より複雑化して拡張していく流れの中で、オルタードテンションと呼ばれる音を使うことがあります。オルタードテンションとは、テンションを半音変化させた音のことです。

　次の譜面で、9th、11th、13thの半音下、あるいは半音上のバリエーションを見てみましょう。

赤枠で括った音がオルタードテンション

　♭11thは、M3rdと同音になりますし、♯13thは、m7thと同音になります。

　これら以外の♭9th、♯9th、♯11th、♭13th がテンションのバリエーションとして認められ、これらを「オルタードテンション」と呼びます。

　これに対して、通常の9th、11th、13thは「ナチュラルテンション」といいます。ただし11thは、V7ではアヴォイドなので、除外されます。

●ドミナントコードに使用できるオルタードテンション ・・・・・・・・・・・・・・・・・

　テンションを1つ含むものから、最大4つ含むものまでの組み合わせが考えられます。以下、CメジャーのドミナントコードのG7をベースとした4つだけですがパターンを示してみます。

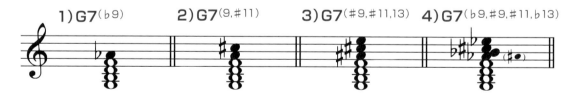

　ナチュラルテンションとオルタードテンションで、同度に相当するものを混在することはできません。例えば、1)にナチュラル9thを加えるなどです。

　しかし、2)、3)、4)のように異度の組み合わせは可能です。あるいは4)のように、オルタードテンション同士の組み合わせも可能です。実際には、すべてのコード構成音を鳴らすには音数が多過ぎますので、例えば第5音（P5th）を省略したり、テンションが解決する先のコードトーンを省略されることが一般的です。

基本コードとコードネーム

ここではルート（根音）をCに設定し、基本的なコードとそのコードネームを記しました。

※「-5」は「♭5」、そして「aug」は「♯5」あるいは「+5」と同じ意味です。「M7」は「△7」や「Maj7」とも表記されます。
「dim」は4音の和音「dim7」と混同することを避けるために、ここでは忠実に3音による和音として「m-5」の表記を採用しています。

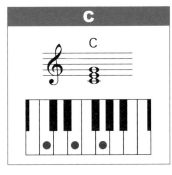

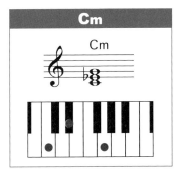

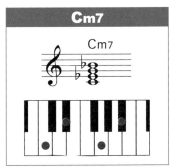

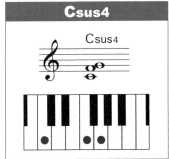

付
録

索 引

索引

索
引

■著者
侘美秀俊（たくみ　ひでとし／Hidetoshi Takumi）
北海道帯広市生まれ。武蔵野音楽大学卒業。作曲楽曲の提供は、陸上自衛隊音楽隊の委嘱作品、国民体育大会や音楽ホールのためのファンファーレ、劇場上映映画やTVドラマのオリジナルサウンドトラックから、演劇舞台のための音楽、シンフォニックコンサートのオーケストラアレンジ、こどものためのオペレッタまで多岐にわたる。現在、ローランドミュージックスクール　コンピュータミュージック指導者養成コース講師、NHKカルチャー（文化センター）講師、トート音楽院渋谷校講師、JBG音楽院講師（東京／表参道）、オンラインDTMスクールSleepfreaks講師、オンラインミュージックスクール『オトマナビ』講師、音楽スクール【ESPRIT/エスプリ】講師。
主な著書に『ちゃんとした音楽理論書を読む前に読んでおく本』『ちゃんとした和声学書を読む前に読んでおく本』『マンガでわかる！音楽理論1〜3』『できる　ゼロからはじめる楽譜&リズムの読み方超入門』『できる　ゼロからはじめるパソコン音楽制作超入門』『3つのケーススタディでよくわかるオーケストレーション技法』（リットーミュージック刊）『中学生・高校生のための吹奏楽楽典・音楽理論』（シンコーミュージック刊）などがある。株式会社 H-t studio代表、北海道作曲家協会理事。

STAFF

シリーズロゴデザイン	山岡デザイン事務所
カバーオリジナルデザイン	阿部　修
本文オリジナルデザイン	町田有美
アドバイザー	藤井貴志（株式会社インプレス）
カバー&本文デザイン& DTP制作	松本和美（有限会社 松本広告百貨店）、髙橋玉枝
CD音源制作協力	持麿勉
楽譜浄書	株式会社 H-t studio
著者プロフィール写真	amigraphy

編集長	永島聡一郎
編集担当	額賀正幸

オリジナルコンセプト	山下憲治

●特典CDのお取り扱いについて

特典CDは、入れ物の上部に貼られたテープを剥がして、取り出してください。取り出したあとは、専用のケースなどをご用意していただき、そこに保管することをお勧めします。CDは非常にデリケートなため、取り扱い、保管には十分ご注意ください。

できるゼロからはじめる楽典超入門

2020年2月1日　第1版1刷発行
2022年7月7日　第1版3刷発行

著　者　侘美秀俊

発行人　松本大輔

編集人　野口広之

発行所　株式会社リットーミュージック
　　　　〒101-0051 東京都千代田区神田神保町一丁目105番地
　　　　https://www.rittor-music.co.jp/

【本書の内容に関するお問い合わせ先】
info@rittor-music.co.jp

本書の内容に関するご質問は、Eメールのみでお受けしております。
お送りいただくメールの件名に『できるゼロからはじめる楽典 超入門』と記載してお送りください。
ご質問の内容によりましては、しばらく時間をいただくことがございます。
なお、電話やFAX、郵便でのご質問、本書記載内容の範囲を超えるご質問につきましてはお答えできませんので、あらかじめご了承ください。

【乱丁・落丁などのお問い合わせ】
service@rittor-music.co.jp

印刷所　図書印刷株式会社
CDプレス　株式会社JVCケンウッド・クリエイティブメディア
ISBN978-4-8456-3438-5

定価1,650円（本体1,500円＋税10%）

Printed in Japan

●乱丁・落丁がありました場合は、弊社にてお取り替えいたします。

【館外貸出可能】
※本書に付属のCDは、図書館およびそれに準ずる施設において、館外へ貸し出しを行うことができます。